MW01716539

Para mis hijos y nietos, para que conozcan un poquito de donde vienen, pero principalmente para que estén bien seguros hacia donde van.

Agradecimiento

Desde lo más profundo de mi corazón, expreso mi gratitud a las siguientes personas, que han sido fundamentales en la creación de mi primer libro:

A mi amada esposa: A lo largo de cada fase de este proceso, ella ha sido mi apoyo inquebrantable. Por reconocer la importancia de compartir mi testimonio, su aliento durante las noches de insomnio y las madrugadas, y por su amor en acción en cada diligencia.

A Ernesto Fernández (mi suegro): Sus sabios consejos y mentoría han sido invaluables. Me animó a fijar una fecha límite para un relato que parecía no tener fin. Y por dirigirme a contactos clave para la edición y publicación.

A Oriol Molina (mi amigo y hermano): Su pensamiento crítico me retó a ser vigilante en la búsqueda y selección del material. Y su ágil creatividad dio vida al diseño del libro.

A mis hijos, familiares y amigos: Ellos residen en mis pensamientos y fueron el combustible y el estímulo para escribir con el corazón bien abierto.

Y, sobre todo, doy gracias a Dios por inculcarme tanto el deseo como la capacidad de crear para Su gloria. Como nos recuerda Filipenses 2:13: *"Porque Dios es el que en vosotros produce, así el querer como el hacer, para su buena voluntad"*.

Más Allá Del Éxito

Rafael Del Valle

Más allá del éxito

Publicado por:
Christian Editing Publishing House
Miami, Florida
ChristianEditing.com

Todas las referencias bíblicas fueron tomadas de la Biblia Reina-Valera, revisión 1960, a menos que se indique otra fuente.

Cubierta y diseño interior: Yuliany Sanchez Quinto
ISBN: 979-8-9908241-1-9
Categorías: Biografía. Crecimiento espiritual.

Impreso en Colombia

Prefacio

Estos son tiempos extraños, todo se mueve rápida y caóticamente. Por lo que he tratado de actualizar el contenido de estas páginas para estar a tono con los acontecimientos. Pero en algún punto tuve que detenerme y permitir que el mensaje principal trascienda las tendencias actuales y poder seccionar los principios que permanecen.

También permanece el objetivo de este libro, de compartir mi testimonio con la mirada puesta en quienes leen estas páginas, con el deseo que conecten con el significado del mensaje que quiero transmitir al dar algunas respuestas halladas de asuntos existenciales que se cubren con capas de adoctrinamiento o sabiduría convencional y que cambian frecuentemente.

Busco apelar a lo más profundo de la conciencia humana, que es constante. Intento mantener un hilo coherente, a pesar a todo el torrente de información que se desborda a nuestro alrededor.

Primero comparto cómo el lente con el que vemos el significado del éxito condiciona el mapa de ruta para alcanzarlo, que en mi caso creó un vacío que no es nada extraño a quienes buscan vivir con propósito.

También comparto cómo por medio de las pruebas somos llamados y moldeados para encontrarlo. De cómo

Dios nos lleva a conocer su verdad, que va más allá de lo lineal, y nos ayuda a permanecer y vivir saludablemente a pesar del caos. Que a su vez nos prepara para lo que está por venir.

Índice

Introducción

¡Tantos descubrimientos y avances en años recientes en el campo del desarrollo personal y autoayuda!

El estudio de leyes universales en el vasto océano de conocimiento y la literatura de los principios para alcanzar el éxito en el campo de la psicología, neurociencia y análisis del comportamiento.

O en conceptos familiares como la ley de la atracción, práctica de visualización, programación neurolingüística, tácticas para manejo del tiempo, liderazgo, alto rendimiento y productividad, meditación y espacio mental, inteligencia emocional y otros conceptos que han servido como fundamentos para maximizar el potencial humano.

Muchos lo han usado para alcanzar grandes logros en el proyecto de sus vidas, pero para otros, después de haber llegado a la cima, sienten que algo más hace falta.

Pero ¿por qué? ¿Cómo es posible que después de conseguir reconocimientos, medallas y trofeos quede la sensación de estar incompletos, que aún quede un área o espacio que no ha sido del todo satisfecho? No me refiero a las ganas de la búsqueda saludable de progreso, o crecimiento, sino del vacío que permanece aún después de haberlo conseguido.

Sin poder apuntar claramente la causa, son sentimientos absurdos de insatisfacción al reflexionar en soledad. A veces enfocándonos en el vaso medio vacío, cuando claramente estamos progresando. En casos más agudos dejamos de mirarnos al espejo y necesitamos de una dosis de algo para reprimir la inconformidad. ¿Por qué es tan bajo el retorno a la inversión?

¿Qué tan exitosos realmente somos si al lograr más, no lo parece?

Quizás este no sea tu caso. Tal vez te encuentras en la arena ganando cada batalla y celebrando cada victoria. Pero quizás, al llegar más lejos, es posible que también te alejes más del verdadero camino, comenzando a abrir una brecha y creando el vacío indescifrable al que hago referencia.

Este libro es en gran parte, dedicado a quienes tienen un vacío que nada parece llenarlo. Primero me dirijo al exitoso que siente que, aunque más alcanza, aun le parece que no llega. Me dirijo también a aquellos que en el camino hacia el éxito o hacia una mejor vida, estando conscientes o no, tienen el mismo vacío. Algunos lo reprimen, otros lo cubren con capas de trabajo, estudio y obligaciones. Otros con diversión y entretenimiento, otros buscan alivio, pero en el lugar equivocado que, en vez de disminuir el vacío, lo engrandecen.

¿Por qué tanta gente es exitosa a sus propios ojos y de la sociedad, pero se sienten internamente miserables, cínicos y amargados, como enjaulados, siendo rehenes de sus propias adicciones, distraídos en actividades de placer, o simplemente aislados o inmersos en el mundo digital, para luego sentirse vacíos una vez más? Aquellos que al tocar fondo pueden terminar en situaciones trágicas al cometer actos autodestructivos.

Estadísticas del CDC indican que en el 2021, 12.3 millones de personas contemplaron el suicidio seriamente, 3.5 millones lo planearon, 1.7 millones lo intentaron y un total de 48,183 personas murieron por suicidio. Eso es 1 cada 11 minutos[1]. Aunque hay muchos factores determinantes relacionados al suicidio, el éxito no debería estar asociado con poner final a la vida, sino todo lo contrario.

Hay varias razones y versiones de por qué esta paradoja existe, por qué el vacío se ensancha al tener más. En un nivel superficial puede ser porque somos intrínsicamente inconformes y no importa el saldo, siempre queremos más. Pero en realidad son sentimientos más profundos e insoportables como dolor y desesperanza. Se dice que una posible explicación de por qué algunas personas cometieron suicidio siendo exitosas, como algunas celebridades, se debe a que el estatus y la fama generan presión y juicio por parte de muchas personas. El estar aislados constantemente de seres queridos y del afecto natural maximiza el pesar o estrés que puede acumularse, llegando a crear ese trágico desenlace.

También es debido a la incongruencia de vivir en oposición a sus valores o principios. Cuanto más alcanzan, más se alejan de su esencia, buscando y sin encontrar. Alguien dijo: *cuanto mayor es el bono, menos me siento yo mismo*[2]. Este vacío es latente para aquellos que anhelan ser reconocidos por hacer la diferencia en el mundo, optan por darlo todo de sí mismos buscando lo material y calidad de vida. Pero al alcanzar las metas, el resultado no es equivalente al sacrificio y cuando se dan cuenta de que

---

1 *Centers for Disease Control and Prevention, National Center for Injury Prevention and Control.*

2 Forbes.com Alice G Walton. Why the super successful get depressed.

al llegar al destino aspirado no es remotamente cercano a lo anticipado, quedan con una sobreabundancia de culpa por tal disparidad. Terminan concluyendo de que el fin no justificó los medios. Subvaloraron lo que verdaderamente importa por vanidad y egoísmo que al final les genera un vacío difícil de describir y soportar.

El ego es muchas veces responsable de esa falsa expectativa de esperar un reconocimiento perpetuo por lo que se ha logrado. Nuestra hoja de vida, trofeos de cristal, y certificados nos recuerdan de lo que somos capaces, pero ese vacío para algunos está siempre latente, incluso cuando ya hemos buscado ayuda y encontramos soluciones temporales, como establecer un nuevo reto, o una nueva actividad. Pero al final nada parece llenar el vacío en nuestro interior. Aunque lo ignoremos, por poco o mucho tiempo siempre permanece y permanecerá hasta que tomemos la decisión de dejar de buscar la solución en el ámbito incorrecto. Este fue mi caso, y no cesó hasta que fui rescatado para encontrar lo que realmente importa, dejando de buscar una solución tangible en un asunto puramente espiritual.

En este libro haré un recorrido de ese rescate, de cómo el conocimiento y aplicación de las leyes universales del éxito son parte fundamental para la realización de metas y alcanzar lo anhelado. Pero también las consecuencias de cómo la aplicación de conceptos enmascarados de filosofías de vida y sabiduría convencional sobrepasan el límite de lo moral y emocionalmente saludable. Conceptos fundamentalmente erróneos que sutilmente terminan abriendo brechas existenciales. Estos conceptos erróneos pueden ofrecer alivios temporales, pero sin respuestas de las causas de dichas crisis ni soluciones sostenibles o verdaderas. Para esto debemos entonces dar respuesta a varias preguntas esenciales: ¿somos seres espirituales en una experiencia física? o ¿somos materia por cien años con una experiencia espiritual y de allí, a la nada?

Si la primera es verdad, si somos seres espirituales, entonces, ¿cuándo debemos lidiar con cosas del espíritu?, ¿en esta vida o después de la muerte?

¿Pueden los asuntos del espíritu ponerse en espera, tomar el riesgo de enfrentarlos después de morir y vivir el aquí y ahora para alimentar las necesidades del yo?

Abordaremos estas preguntas basado en el algunos de los principios conocidos sobre el éxito, marcadas por experiencias propias, como testimonio vivo de tales respuestas. No desde opiniones relativas que sobreabundan en el terreno de la autoayuda y motivación personal, sino vistas bajo el lente del estándar de la verdad absoluta, a la cual todos nos deberíamos someter.

Este libro también es una invitación para quienes anhelan una vida de superación. Para que sean prevenidos antes de subir la escalera del éxito y examinen primero que esté recostada al edificio correcto. Comenzando a construir sobre la Roca y con fundamentos sólidos para que después de llegar, prosigan con enfoque hacia el futuro como una fuerza centrífuga con consecuencias eternas. Que tengan un impacto que trascienda la satisfacción personal a una contribución permanente. Que tengan también un impacto *más allá del éxito* que la sociedad impone en lo físico y terrenal. Y que finalmente, alcancen el único y verdadero éxito en lo espiritual y eterno.

Capítulo 1

Cuando el éxito no es suficiente

Eres un triunfador en potencia, decía el escritor de una novela de motivación personal que leí durante mi adolescencia. Como quien encuentra un mapa hacia un tesoro a esa corta edad, la literatura de superación personal no era solo el mapa, sino un tesoro en sí misma. Este fue el comienzo de un recorrido hacia el cumplimiento de metas en mi vida. Ser un triunfador era lo que esperaba ser y en esa búsqueda consumía todo el contenido posible en el campo de leyes del éxito, motivación y liderazgo. Era embriagante recopilar y compartir conceptos y mensajes prácticos que me servían de brújula para lograr objetivos una y otra vez. Con estos logros solo podría generar nuevas metas e ir por ellas. Hasta que, al conseguir más, poco a poco dentro de mí comencé a tener menos, hasta años después sentirme totalmente vacío.

El 15 de marzo era un día de primavera que yo le llamaba mi día de navidad, porque recibía mi bono anual por un buen

rendimiento. Habitualmente coincidía con mis vacaciones en las que recargaba las baterías, pero también disfrutaba del fruto de mi esfuerzo. Recuerdo que compartía con mis padres sentados en la terraza de mi nueva casa y les decía lo feliz que me sentía por tener lo necesario para vivir bien y feliz. Por tener lo que el dinero podía y no podía comprar. Una familia, salud, una casa, carros, una saludable cuenta bancaria y un excelente trabajo que lo proporcionaba todo. Yo era gerente general en una tienda de farmacia muy reconocida y una de las diez compañías más destacadas de los Estados Unidos. Durante mi evaluación anual, era música a mis oídos escuchar a mis jefes llenarme de elogios al cumplir y exceder las expectativas. Me gozaba al escucharlos decir cómo había hecho importantes aportes a la compañía, acompañado con el aumento de salario y un futuro prometedor. Además de la oportunidad de construir equipos de trabajo, invertir en su desarrollo y formar futuros líderes.

Así construía año tras año una reputación de ser tenido en cuenta para la toma de decisiones y para reconocimientos. Y con toda esta sensación empalagosa continuaba enfocando la mirada hacia mi próximo ascenso a gerente distrital. Estos primeros logros sabían aún más dulces al recordar que era un inmigrante en los Estados Unidos que atravesó muchos obstáculos, pero en realidad aventajado por el estudio minucioso del desarrollo personal aprendido informalmente con la lectura, videos, audiolibros y seminarios por los mejores maestros virtuales en la industria.

Mi herencia

La inclinación por este método autodidacta surgió por consecuencia del ejemplo de mis ancestros. Primeramente, mis abuelos, quienes con su insuficiencia de recursos y la adversidad propia de la pobreza que tuvieron que enfrentar, duplicaron esfuerzos para poder aprender por sí mismos destrezas para sobrevivir y servir me fue de inspiración. Mi querida abuelita Ani, quien a sus noventa y cuatro años aun procura confeccionar trajes, como lo hizo toda su vida para sobrevivir y dar al necesitado. Ella es y será de verdadero ejemplo de lo que es vivir en el camino de la verdad, la justicia y de amar a Dios sobre todas las cosas. Mi abuelo Andrés, quien en su vejez aprendió el inglés para hablar con sus nietos y su capacidad para enseñar lecciones de vida y a componer melodías vallenatas, con que lo recordamos después de su partida. También la vocación de mi madre al fundar una institución educativa ambientalista, que impactó a muchos en el saber y en el amor por la naturaleza. Llevó a comunidades enteras a la conciencia ambiental ha hecho mella en su lugar en el mundo, impactando grandemente mi vida. Finalmente, la visión de mi padre para buscar siempre la próxima meta con trabajo y esfuerzo. Muchas veces estaba lejos de su casa y familia, pero siempre fue ejemplo de empeño y determinación que despertó por herencia el ímpetu de buscar más y trabajar por una mejor vida, con la que mis hermanos y yo fuimos beneficiarios.

Obligado por mi naturaleza algo introvertida, incrementaba mi curiosidad intelectual para aprender acerca del comportamiento humano.

Con algo de perspicacia para esquivar el peligro, era fascinante para mí tener siempre un as bajo la manga y sobresalir cuando todos esperan lo contrario. Mi ambición creció durante esos años de juventud y con determinación tomé vuelo.

Literalmente volé desde mi natal Colombia a Miami con todas mis pertenencias y aspiraciones en mi maleta.

Entre mis libros se encontraban algunos de superación personal altamente influenciados por la literatura de contenido altruista y de patrones de conducta ideales para la convivencia y el despertar de la conciencia. Libros de Carlos C. Sánchez, Anthony de Melo y Deepak Chopra componían mi caja de herramientas. Ser el cambio que quiero ver en el mundo, no rendirme ante la adversidad y conceptos del poder del pensamiento constituían el escudo y la espada para lo que tendría que enfrentar. No sería nada fácil, pero nada diferente a la vida de cualquier otro inmigrante. Haría lo que tocara hacer: ayudante de construcción, factoría, almacenamiento o cajero de tienda. Haría lo que fuera necesario, con la vista siempre puesta en un futuro mejor, pero también en quienes dejé atrás. Pensando en nuestro próximo reencuentro, dispuesto a soportarlo todo. Con cada adversidad acudía a la frase que mi madre nos recordaba frecuentemente: Valor que se lleva en el alma, anima la vida de quien lo posee. Por lo tanto, sabía que tenía una reserva de valor para animarme a seguir, sin importar las pruebas y retos. Mas con la experiencia y conocimiento de mis maestros virtuales, el éxito sería cuestión de tiempo.

MERCADEO EN REDES

Años después, ya siendo supervisor de turno en la farmacia, un cliente muy agradable se acercó y me preguntó si me gustaría ganar más dinero, proponiéndome asistir a una charla de introducción de un negocio, mejor conocido como network marketing o mercadeo multinivel. Al asistir a una de sus conferencias y escuchar al orador, sus servicios parecían muy buenos para ser verdad. Invitaban a los presentes a vender un producto y servicio con gran persuasión. Solo necesitaban una suscripción con una pequeña contribución inicial y ellos se harían cargo del entrenamiento. Intentaron persuadir a los oyentes con mensajes de superación y búsqueda de un futuro abundante y exitoso.

En mi escepticismo, solamente tomó una reunión para darme cuenta de que este tipo de negocio no era conveniente, le faltaba algo, transparencia quizás. Pero aprecié el vehículo de motivación que recomendaban y que sería útil en cualquier ámbito laboral, en especial el libro sugerido: *Think and grow rich, Piense y hágase rico* (1937). Uno de los escritos más famosos y vendidos de la historia, escrito por Napoleón Hill. El autor de este libro fue uno de los primeros escritores considerado como uno de los mejores del género moderno de literatura de éxito personal, de quien haremos referencia más adelante. Comencé a leer el libro y estaba estupefacto con todo lo que estudiaba. Fue como si me hubiesen ofrecido las capsulas azul y roja de la *Matrix*, despertar a un nuevo paradigma, el paradigma del *conocimiento del bien y el mal* y de cómo manifestar la realidad que deseaba. Era un material simplemente atractivo. El magnetismo crecía con cada capítulo. Entre sus hojas leía ideas tales como: *Cualquier cosa que la mente pueda concebir y creer puedo lograr. Eres el dueño de tu destino. Puedes influir, dirigir y controlar tu propio entorno. Puedes hacer de tu vida lo que quieres que sea.*

Me subí al tren de la manifestación propia del éxito, de la excelencia, y con ello, el fruto llamado abundancia y realización por medio de la práctica de visualización y posteriormente de la ley de la atracción. Ese era entonces un as bajo la manga que hoy en día para nadie es un "secreto".

En adición a este autor, muchos otros autores consecuentemente hicieron parte de mi nueva asamblea de maestros que enriquecían mi desarrollo y aptitud para sobresalir.

Cada concepto era instrumental para componer un coctel de principios que servirían de brújula para obtener más.

Uno de los conceptos era: *cómo ser más valioso en el mercado de negocios*. No había problema, Jim Rohn, con su método filosófico y a la vez práctico, era fácil de digerir y con un parecido a mi abuelo paterno, era mi profesor favorito. Escuchaba su material una y otra vez y muchas de sus frases las memorizaba: *El éxito es la consecuencia natural de la aplicación constante de fundamentos básicos. El éxito es algo que tú atraes por la persona que te conviertes. Educación formal te dará un salario. Autoeducación te dará una fortuna.*

Si de manejo del tiempo se trataba, el mejor en este campo en mi opinión, es Brian Tracy. En su libro *Eat that frog,* o *Come esa rana,* numeraba unos principios infalibles para sacarle tiempo al tiempo y ser imparable. Algunas ideas que encontraba en sus páginas eran: *Si tienes que comer dos ranas, primero come la más fea.* Es decir, si tienes dos tareas importantes por delante, comienza primero con la tarea más grande, difícil e importante.

Otra idea era el *principio de Pareto: Aplique la regla 80/20 a todo. El 20% de sus actividades representará el 80% de sus resultados. Siempre concentre sus esfuerzos en ese 20% superior. No te quejes de tus problemas, al 80% de la gente no le importa y el otro 20% se alegran de que fue a ti.*

En liderazgo y manejo de personal, Stephen Covey en su libro, *Siete hábitos de la gente altamente efectiva*, ofrecía un estilo que se alineaba a mi visión idealista y de justicia social. Él planteaba lo siguiente: *El liderazgo es comunicar el valor y el potencial de los demás con tanta claridad que se sienten inspirados a verlo en sí mismos. La gerencia está en hacer las cosas bien; el liderazgo es hacer las cosas correctas.* Entre los hábitos, el segundo: *Comience con el fin en mente,* invitaba a visualizar el objetivo ya alcanzado y trabajar de forma regresiva hasta su realización.

Si quería motivación y establecer metas, Zig Ziglar era un motor de arranque en las mañanas: *La gente suele decir que la motivación no dura, tampoco el baño, por eso lo recomendamos a diario. Una meta establecida correctamente, ya está a mitad de camino. Hazlo, y entonces te sentirás motivado para seguir haciéndolo.*

Alto rendimiento de ejecución en la empresa, el estilo directo de Jack Welch, ex CEO de General Electric, animaba al *standard* de excelencia para dar resultados: *La complejidad es el enemigo de la productividad. No solo soluciones el problema, soluciona el proceso. Los buenos líderes empresariales crean una visión, articulan la visión, se adueñan apasionadamente de la visión y la impulsan sin descanso hasta su finalización.*

Finalmente, la visión y deseo de contribución de Steve Jobs, con mi hambre y determinación, yo también haría mella en el universo: *Ser el hombre más rico del cementerio no me importa. Ir a la cama por la noche diciendo que hemos hecho algo maravilloso, eso es lo que me importa.*

Todo esto en el tiempo donde emergía la información gratuita en redes sociales, no tenía excusa. Este era mi tiempo de estudio y de pasatiempo a la vez. Consumía todo lo que estos autores publicaban. Era la información e inspiración vital para mi presente y futuro. Esta *filosofía de vida para tomar decisiones en los momentos precisos* formó el molde para una y otra vez obtener cada objetivo.

En realidad, no había una meta razonable que no lograra y si en algo fallaba, con el mismo entusiasmo sabía que había una lección por aprender. Sería solo cuestión de tiempo para conseguir lo anhelado.

Con la acumulación de reconocimientos y ascensos surgió otro sueño: escribir un libro. A medida que trabajaba en mi meta empresarial, también invertía tiempo en escribir. Deseaba compartir el beneficio de las leyes del éxito y la aplicación de ellas era lo más importante que el mundo debía saber. Me tomé todo el *kool-aid*. ¡Me creí el cuento completo!

Capítulo 2

Si no soy yo, ¿quién? Si no es ahora, ¿cuándo?

Todo este período embriagante de acumulación tenía también un efecto secundario que se manifestaba muy lentamente. Había un pequeño vacío en mí que muy paulatinamente se agrandaba. Así como la rana en una olla con agua que poco a poco se calienta, sumergida sin problemas no se percata del calor ascendente, una vez hirviendo es tarde para saltar y muere. Entre más controlaba los resultados y conseguía logros, menos atención le prestaba a lo demás. Pero el agua todavía no hervía.

Me convencí de que estaba despierto, que era parte de un grupo selecto de individuos que habían descifrado la clave del éxito. No desde mi propio entendimiento, sino de muchos gurús que lo afirmaban. Al comienzo de cada seminario era habitual felicitar a la audiencia por ser parte del top 2% de personas que vivían con propósito, por hacer la inversión en uno mismo y sobresalir en la sociedad. Yo ciertamente creí que, al levantarme temprano en la mañana con rituales y decretos diarios, alistándome para tomar acción y hacer la diferencia en mi vida y en la vida de los demás, era en proporción directa a la voz que escuchaba en mi conciencia. Con todo el bullicio y distracciones digitales que nos rodean, pensaba que muchos caían en la trampa de eventos de placer. Ellos terminaban enredados en adicciones sutiles, frenándolos de un verdadero impacto y formaban parte del 98% del que quería excluirme.

Después de todo, ¿lo que buscamos no es por la felicidad y el placer, alejándonos así del dolor y sufrimiento? No, mi caso era distinto, mi felicidad era un subproducto de contribuciones y ese era mi camino y mi destino. Convencido de que un sueño otorgado por el Creador debía ser alcanzado, no era una necesidad como propósito, sino como una responsabilidad delegada. Así que necesitaba escribir, enfocarme en mi visión, dormir cuando muera e impactar vidas como moneda emocional. Ganar y repetir era la fórmula. Recordaba a menudo uno de sus discursos motivacionales más impactantes para hacer la diferencia, escrito por el autor y orador Les Brown:

> *Imagínate si estuvieras en tu lecho de muerte, y de pie alrededor de tu cama, los fantasmas de las ideas, los sueños, las habilidades, los talentos que te ha dado la vida. Y que tú, por alguna razón, nunca actuaste sobre esas ideas, nunca perseguiste ese sueño, nunca usaste esos talentos, nunca vimos tu liderazgo, nunca usaste tu voz, nunca escribiste ese libro. Y allí están parados alrededor de tu cama mirándote con grandes ojos enojados diciendo: ¡vinimos*

a ti, y solo tú podrías habernos dado vida! Ahora debemos morir contigo para siempre. La pregunta es: si mueres hoy, ¿qué ideas, qué sueños, qué habilidades, qué talentos, qué dones morirían contigo?

La famosa frase *si no soy yo, ¿quién?, si no es ahora, ¿cuándo?* era un recordatorio constante de que nuestro tiempo es limitado y necesitaba aplicar cualquier táctica necesaria para llegar y rápido.

Pero en medio de todo, cuando quitaba el pie del acelerador, de algún modo sentía que algo faltaba. En alguna parte de mi ser había una sensación incómoda, algo artificial con mi vida, algo falso y superficial. El agua seguía calentándose sin darme cuenta. No podía apuntar a la fuente de esa sensación y simplemente lo reprimía. Después de todo pensé que yo estaba "despierto". Así que no tenía tiempo para ridiculeces. Necesitaba seguir controlando mis pensamientos y confiar en el *Universo*.

El hombre en el espejo

Odiaba el dolor más de lo que amaba el placer. Siempre huía de él. Pensé que el dolor era un drama innecesario que simplemente te retarda el crecimiento. Nunca me entretuve en asuntos triviales. No me gustaban las quejas ni los quejosos, simplemente no tenía tiempo para la pequeña charla. Aunque era naturalmente preocupado por el bienestar de los demás, en mi trabajo yo era todo negocio, y estaba ocupado para lograr el nombre del juego: resultados.

En mi vida de familia no era diferente. Mi versión de la crianza de mis hijos se simplificó a contribuir y dejar un legado, al mismo tiempo profesando amor y protección. Tomé tiempo para llevarlos a sus citas médicas, prácticas deportivas, revisaba sus listas de deseos para navidad y no les hacía falta nada. Los vi siguiendo el ejemplo correcto, una vida de relevancia, ese fue el precio de ser mis hijos. Invertía algo de tiempo con ellos para compartir varias charlas motivacionales, validarlos y aumentar su autoestima, mientras los mantenía sobreprotegidos. En nuestros viajes en carro mantenía un buen audiolibro en marcha. Zig Ziglar y Les Brown fueron sus favoritos, los más entretenidos por su enérgica oratoria, mezclados con los clásicos del poder del pensamiento.

Como esposo esperaba el respeto asociado por ser cabeza de hogar y el proveedor. Quería que mi familia como unidad hiciera un impacto en el universo. *Dale pa'lante*, era nuestro lema. Cuando se cometían errores tenía la capacidad de presionar el botón de reinicio rápidamente con total resiliencia. Con ese aparente proyecto de vida en proceso, de repente volvía la tonta pensadera e inconformidad.

Poco a poco sentía la necesidad de arreglar ese estado incómodo y eliminar las miradas largas con un trago de alcohol en mi mano. Era preso de mi propia ambición al haber ya superado el estándar de comodidad. No podía fallar la voz de seguir contribuyendo sin importar el precio. Una y otra vez pasaba la prueba de un poema favorito que había memorizado en inglés que en español traduce:

Hombre en el espejo

Cuando logres tu deseo en la lucha por vencer y el mundo te haga rey por un día, ve al espejo y obsérvate bien, a ver qué te dice el hombre que mira.

Ni tu padre, ni tu madre o tu mujer serán en la vida tus jueces; la sentencia que busca tu ser será la de aquel que te mira de frente.

Pensarán que eres un chico estupendo y te dirán que eres maravilloso, pero el del espejo te llamará zopenco si no le puedes mirar a los ojos.

Procura agradarle sin pensar en el resto, pues él será quien te acompañe al final. No tengas miedo ni albergues recelos siempre que puedas tener su amistad.

Aunque engañes al mundo en la vida y te den palmadas de aliento al pasar, tu premio supremo será la desdicha si burlas al hombre que te ha de mirar.

Dale Wimbrow, 1934

Me preguntaba ¿por qué tenía ese absurdo sentimiento de culpa e insatisfacción si lo tenía todo? Tenía una especie de trauma obsesivo compulsivo sin remedio. Algún tiempo después el perfeccionismo y autocrítica se unieron cuando algunos números declinaron en métricas vitales.

Después de un extraño ataque de pánico desarrollé un nivel de ansiedad que me obligó a tener una cita con el médico. Me recetó un medicamento que me calmaría. Sentí que debía atender esos síntomas, bajé de velocidad y con cambios gerenciales oportunos llegó un período de total calma. Recurrí a material de espiritualidad sobre meditación y espacio mental. Estudié sobre la felicidad y libertad emocional, el ser más sabio. Era como un monje tibetano al desatarme del mástil del perfeccionismo que me gobernaba causado por mis propias inseguridades. Entonces, antes de ir tras una nueva meta, el comenzar con el fin en mente, ahora conllevaba una connotación más pasiva y perezosa. Antes de cada objetivo o transacción, si el fin no proporcionaba una recompensa digna del proceso, entonces no la llevaba a cabo.

El medicamento fue bastante efectivo. Muy pocas cosas estimulaban mis sentidos y motivación. Pareciera que mi cerebro había sido anestesiado. Ya no era proactivo y estaba casi paralizado para comenzar cada proyecto.

Mezclando el medicamento con el alcohol perdí rumbo y forma. Me sentía física y mentalmente obeso y ahora la cura parecía peor que la enfermedad.

El conocimiento de liberación emocional es rico en permitir seguir la corriente del universo, de vivir el aquí y ahora y llegar a la conclusión que todo pasa por una razón. Pero toda esta simplificación tampoco satisfacía el vacío, es más, sentía que perdía la conciencia para discernir la línea entre lo sobresaliente y lo inaceptable. Optaba por hacer lo meramente necesario. Además, creció una inclinación por el hedonismo, el placer por el placer, dándole completo aval a la carne, un verdadero "Carnaval". El principio de Pareto se agudizaba más a un radio de 5% vital y 95% trivial. Sentí apatía por mucho y fue progresivamente agravándose hasta sentirme conforme con lo mínimamente aceptable. Ese desorden de emociones creó desestabilidad en el hogar y empezaron discusiones a las que también prestaba poca atención. Era un verdadero desastre.

Este tiempo puso al descubierto un desequilibrio en mi carácter que era incómodo enfrentar. Preferí entonces volver a ser importante, donde sabía cómo hacerlo. Leí por ahí que solo los peces muertos van con la corriente. Con un par de resultados mediocres decidí tomar forma y regresar a la pista de carreras. Solté los medicamentos de repente. Volví a trabajar incansablemente y tiempo después retomé la escritura. Pero las discusiones en casa, que antes me rebotaban, ahora perforaban la piel. Mi actitud se tornó rebelde e impaciente, era consciente de que, si yo quería cambio, ¡algo tenía que cambiar!

Al poco tiempo el señor sabelotodo tomó una decisión que, de hecho, lo cambiaría todo.

MALAS DECISIONES

Durante ese período de diferencias irreconciliables mi ego y orgullo me mantuvieron ciego. Pensé que "obviamente" no era mi culpa, me mantuve firme y encontré refugio en el único recurso que conozco: más material de auto ayuda.

Esta vez la ayuda llegó de una fuente inesperada. Un conocido emprendedor que compartió un enlace de un *podcast* que él escuchaba llamado: *I love marketing, Yo amo el mercadeo*. Desde el primer episodio me impactó y llegó en el momento apropiado. Fue refrescante y enriquecedor escuchar a todos los empresarios que compartieron sus historias y experiencias. Fue exactamente lo que necesitaba. De alguna manera, los testimonios hicieron que mis objetivos parecieran alcanzables. Impulsado por mi rebelión me sentía imparable.

Poco tiempo después acepté una nueva posición ofrecida para abrir una nueva tienda en el área fértil de Doral, en la Florida. Asistía a reuniones de la cámara de comercio para establecer contactos con propietarios de negocios emergentes y codearme con *game changers*. Me uní a *Toastmasters,* una organización educativa que promueve la comunicación, la oratoria y el liderazgo, para dominar mi discurso público y consumí todo lo que pude en el espacio de ley de la atracción para manifestar abundancia. Era intoxicante, estimulante y podía oler grandeza.

En casa las cosas se deterioraban inexorablemente. No quería fallar en nada, incluso en ser buen padre y esposo. No quería eso en mi hoja de vida y estaba listo para hacer un movimiento drástico. Así que empaqué mi ropa de trabajo y la metí en el carro, me fui de la casa esperando cambios, ¡tuve suficiente! Esperé días para una reacción, los días se convirtieron en semanas y luego en meses. Después de eventos muy dramáticos, las puertas de mi casa estaban cerradas para siempre. De repente, lo había perdido todo.

Eso no era parte del plan, no estaba en el guion. Pensé ser un *life coach* por naturaleza y ahora no podía aconsejarme a mí mismo. A pesar de todos los conceptos, tácticas y acrobacias mentales aprendidos y aplicados, ahora nada funcionaba. Estaba en modo de emergencia sin zona de seguridad. Ciertamente no tenía una estrategia de salida. En el fondo sabía que era el resultado de siempre tratar de actuar, calcular y controlar todo perfectamente, confiado de todos los resultados. Estaba delirando.

Había construido sobre la arena y en la primera tormenta todo había desaparecido. Pude ver lo agotador que podría haber sido para mi familia, porque solo había idealismo y perfeccionismo, en lugar de simplemente ser y cuidar lo que era realmente importante.

Pero fue muy tarde. Una verdadera tragedia.

Y una vez más mi mente trataba de construir una historia para darle sentido a lo sucedido. Racionalicé con lentes de autor de contenido motivacional. Recordé haber escuchado que la decisión de transformar nuestras vidas es incómoda, pero necesaria. Grandes personalidades en la historia habían atravesado por un gran dolor y adversidad antes de estar completamente preparados para dar el salto hacia su legado. Gautama, para convertirse en el Buda. Nelson Mandela, de prisión a presidente. Y muchos más han pasado por fases de transformación y han dejado un impacto inconmensurable en todo el mundo.

En mi delirio pensé que el dolor serviría como caparazón. Era el costo de entrada para aprender la lección, tener la autoridad moral para cambiar y llevar a otros al cambio. Como escuché muchas veces: *no pain, no gain*, o *sin dolor, no hay ganancia*. Sin una prueba no hay testimonio. Con cada lesión hay una lección.

Acepté mi presente, pensé que el universo me estaba enviando un mensaje de que, si realmente quería cerrar la brecha en mi alma, este tenía que ser el momento preciso para hacerlo. Sentí la convicción. Me hice cargo de seguir construyendo solo con mi fe de que todo era parte del proceso. Si no soy yo ¿quién? Si no es ahora ¿cuándo? este no era el contexto esperado, pero sí era yo, y era ahora. Resignado y con profundo dolor asumí la partida esperando lo mejor.

Capítulo 3

La crisálida

Escuché que el dolor es inevitable. Desde el llanto de un recién nacido hasta la agonía de la muerte. El dolor es parte de la vida, nos pasará a todos durante días o temporadas. Podemos evitarlo, a veces ignorarlo y reprimirlo, pero solo podemos esquivar cierta cantidad de balas.

Escuché también que no importa dónde nos escondamos, o qué tan rápido corramos, el dolor nos encontrará en algún momento. O aceptamos el dolor del cambio o nos escondemos en un caparazón hasta perecer. Estar alejado o a salvo en una esquina por cien años puede ser fácil, pero para la persona ambiciosa, esa no es una opción.

Mi deseo de lograr el éxito se incrementó con la prueba que en ese momento estaba soportando. Tenía algo que demostrar y estaba dispuesto a cambiar de vida si fuera necesario. Aprendí que la causa de transformación es única para cada individuo. Lo que parece ser trivial para algunos, puede ser vital para otros. Para algunos un divorcio puede ser sinónimo de libertad, para otros, sinónimo de muerte.

Escuche además decir, que hay tres causas principales de transformación: *por inspiración, por información y por desesperación*. Entendí que la *transformación por inspiración* es la realización gradual del propósito, guiada por experiencias claves y ejemplos de otros que nos motivan a crecer. Muchas personas siguen el ejemplo de grandes hombres y mujeres en la historia inspirados en el trabajo de sus vidas. Por ejemplo, el legado de Steve Jobs inspirados por Albert Einstein. O Arnold Swatzeneger por Reg Park. Estos a su vez, han inspirado a millones en las áreas de tecnología, estado físico y automotivación. Lo mismo es cierto sobre Earl Nightingale, inspirado por Napoleón Hill. Su impacto ha inspirado y transformado la vida de millones. Incluso grandes personalidades en el campo del desarrollo personal que se leen y escuchan a diario.

Aprendí que la *transformación por información* es la explicación de cómo las cosas se conectan lógicamente. La cristalización del conocimiento de cómo lo científico nos ayuda a conectar los puntos con datos, para dar pasos lógicos y racionales, que hacen que todo se complete. La educación formal o informal puede conducir a la aparición gradual de objetivos y la hoja de ruta para llegar allí. Este es el caso de muchos profesionales consumados que aman lo que hacen y hacen lo que aman, en un ámbito particular para afectar el cambio y ayudar a otros a diario. Finalmente, aprendí que la *transformación por desesperación* es cuando te enfrentas a un dolor insoportable, a la adversidad más dura, que te obliga a encontrar fortaleza para soportar, el coraje para seguir adelante y la humildad de rendirse a que la tormenta arrastre para obtener sabiduría y proseguir a tu destino, en una forma totalmente involuntaria.

A este período de dolor le llamo la crisálida. El lento paseo de la oruga para estacionarse y mutar durante el proceso de metamorfosis. Donde una criatura viviente descubre el proceso más doloroso.

Allí literalmente se derrite al estado líquido y muta para convertirse en uno completamente diferente. Una criatura que antes se arrastraba, ahora comienza a triturarse para algún día poder volar.

En la crisálida, el ser humano sufre una transformación causada por un período de sufrimiento inagotable, que constituye la causa más poderosa de cambio. Las muchas noches oscuras del alma por la pérdida o separación de lo más querido. Un total rapto de lo familiar y habitual. Sin alternativas, enfrenta una nueva perspectiva, un nuevo estado que nos empuja a cambiar de dirección a un nuevo destino.

La crisálida encapsula el fuego que funde el oro. Al salir de ella podemos gozar de alas para alcanzar una nueva altitud, resistencia y libertad inimaginables. O todo lo contrario, al alargar el proceso, podemos ser devorados por otras criaturas. O tal vez, disecarse sin alcanzar el cambio y nunca volver a ver la luz. Se puede decir que este último es el caso de personas que perpetúan una condición dolorosa, administrando alivios temporales como drogas u otras adicciones. Pero nunca se dan el permiso para crecer y transformar de manera natural su ser.

Al decidir y aceptar este proceso comienza un ciclo, un período de la vida cuando el mundo tal como se conoce cambia a una dimensión completamente nueva. Es el momento en que mueres y luego resucitas, no solo para sobrevivir, sino para vivir realmente. Es el momento en que te das cuenta de que vivir en un estado condicionado y artificial, atraído por los espejos brillantes del mundo, te había llevado a ese momento de desesperación y sufrimiento. Es el fuego purificador para renacer con la opción de vivir el resto de tu vida por la verdad absoluta y tener un verdadero significado.

Es probable que experimentes esta caída libre al fuego en algún momento. Especialmente si te tomas en serio la búsqueda de algo que llene un vacío existencial y que, en el proceso la información o inspiración fracasan.

Esta crisálida se manifiesta de formas diferentes a cada individuo. Se sabe solo al enfrentarlo. La separación, o muerte de alguien amado, enfermedad, accidentes, crisis económicas, cansancio y hastío de la vida disfuncional, mediocridad, adicciones, traumas y otros.

Entonces, me convencí de que este cambio fue particularmente más drástico por haber estado fuera de curso por algún tiempo y alejado de mi verdadero propósito. Como alguien que traiciona o cauteriza su conciencia en actos reprochables para ganancia personal. Que trabaja duro buscando dinero mientras se separa de su verdadera naturaleza de servicio. Alguien que posee una espiritualidad profunda, pero la reprime por completo para vivir una vida de placeres y distracciones terrenales.

La crisálida es el agente cambiante que te hace dar cuenta de que vale la pena invertir el resto de tu vida en lo justo. Después de todo, el dolor serviría como cuota inicial o matrícula para el aprendizaje más importante de la vida. Esta adversidad es el momento en que te rindes para honrar la verdad y aborrecer la mentira.

¿Mi transformación? ¡Adivinaste! Me golpeó toda una pared de ladrillos. Estaba realmente desesperado. No cabía duda de que estaba desequilibrado, pero también era consciente de que buscaba la verdad.

Aunque lo hice siempre en teoría, esta vez estaba en la arena del coliseo y sangraba de muerte. El duelo se convirtió en un abismo muy profundo y doloroso que reventó los lentes con que veía mi vida. Pasé de tener un panorama claro a no ver donde pisaba. Mi actitud cínica y escéptica no hizo que fuera más fácil cambiar mi comportamiento en base a mi última lectura o clase académica. Tuve momentos de inspiración. Antes me sentí informado y educado. Pero solo cuando sentí el dolor más insoportable fue que hubo un cambio más allá de mi orgullo y mi visión idealista. Sabía que debía despertar y ver la verdad.

No podía estar lejos de mis hijos. Nunca entendí cómo existen padres separados de su responsabilidad y amor incondicional, y de vivir como si nada hubiese pasado. Pero para mí mi familia lo era absolutamente todo, era lo que el dinero no podía comprar. Mis hijos eran mi roca, mi motivación. Sin ellos y con mi proyecto de vida totalmente arruinado no había razón para vivir.

La ambición salió por la ventana, simplemente ya no podía funcionar con normalidad. Mi energía se deterioró rápidamente, fue una caída libre emocional. En este punto la lógica no tenía sentido. Pensé que la aplicación tangible de causa y efecto no me llevó a donde me encontraba emocionalmente. El poder de la autosugestión que me ayudó a trabajar durante días sin descansar ya no podía levantar el peso de mi cuerpo. Temiendo perder mi trabajo, seguía poniendo un pie delante del otro. Aunque ya ni eso me importaba. Me escondía, lloraba, estaba perdiendo la cabeza. Dormía en mi auto, o en casa de parientes y amigos, sentía lástima por mí mismo, era un desastre total.

Gracias a mi equipo de trabajo y la inercia de un buen desempeño desde su apertura, el negocio no perdió el ritmo. Los resultados adquiridos desencadenaron una oportuna visita ejecutiva que en ese momento fue un oasis que comenzó un viaje, que revisaremos más adelante.

Me sentía medio muerto, con pérdida de peso en caída libre, y mucho estrés. Todo esto causó trastornos intestinales altamente molestos. El dolor emocional ahora se había tornado físico. Ya no había ningún secreto para mi equipo y superiores de que no estaba bien. No había cordura, no podía enfocarme en las tareas. Mi jefe comenzó a remover funciones de entrenador distrital, hasta que semanas después las eliminó por completo.

En mi búsqueda de explicación y alivio, seguí probando casi todo. Era como un *niño fluctuante, llevado por doquiera de todo viento de doctrina*. Fui a varias sesiones de *reiki* que me habían recomendado, una especie procedimientos de budismo por meditación. También escuché el pronóstico de mi carta astral buscando respuestas más tangibles y aparentemente científicas. Memorizaba mantras y afirmaciones que repetía al frente de la naturaleza cada amanecer para ver si la *Nueva Era* me daría una nueva vida.

Una compañera de trabajo me ofreció su ayuda, me invitó a la iglesia y asistí. Pero el mensaje era más motivacional que para alivio espiritual y mi mente no estaba dispuesta para escuchar ese tipo de sermones en ese momento. Fue su amistad lo que en realidad me era de consuelo y de ejemplo con su compasión la que trascendería más adelante. Pero en cuestiones religiosas creí y sentí que traicionaba mis tradiciones. Además, yo siempre pensé que Dios estaba con todos nosotros y mi querida abuelita rezaba por mí a diario. Pero en realidad ahora mi fe en cualquier religión era nula y falsa al haber perdido lo más querido. ¿Por qué Dios permitía tal cosa? Estaba por todas partes, todo estaba borroso al frente de mí, y era física y mentalmente insoportable.

Seguí avanzando, esperando que las cosas cambiaran para encontrar otra dosis de sabiduría. Tenía que existir un libro o alguien para dar respuestas. No podía ser el único con problemas similares. Necesitaba ayuda, estaba perdiendo la cabeza, mi cerebro no estaba bien. El alcohol me dio un poco de alivio, pero cada mañana me pasaba factura. Durante este tiempo las dudas eran una constante. Tuve una gran pérdida y en ningún momento contemplé eso como posibilidad. Era siempre optimista y no era parte de mis patrones de pensamiento, esto desafiaba la ley de la atracción con la que contaba y compartía.

Más autoayuda

Buscando en línea algo sobre salud mental, encontré un audio de una conferencia en la que el orador describió con mucha elocuencia la fusión de lo místico y científico. Describió cómo los pensamientos, las hormonas y la conciencia se interconectan para crear nuestra realidad. Estaba inmerso y atento en los conceptos que estaba escuchando. Toda esta información compuso un paradigma bien empaquetado y tenía mucho sentido. Era un intento de dar a la *transformación por información* otra oportunidad.

El doctor Joe Dispenza explicó muy elocuentemente un nuevo, pero viejo paradigma: el creer en el poder de la inteligencia infinita, el poder de la conciencia superior. En su libro, *Breaking the Habit of Being Yourself*, el autor explora el mundo de la física cuántica y cómo la dinámica a nivel energético responde al ojo del espectador. Entonces viene a ser el punto de encuentro entre lo material y lo espiritual. Allí podemos dirigir esa energía hacia la creación de la realidad que deseamos. También hizo mención de que la cura y sanaciones espontáneas de personas con enfermedades terminales tienen varios denominadores comunes. Uno de ellos es el creer que hay una inteligencia divina que administra el cuerpo. Esa misma inteligencia infinita que da la vida, también puede sanar.

Comencé a reflexionar en esto permanentemente. Entendí que en realidad mi condición era el resultado de mi propia causa. No por pensamientos derrotistas, sino por no percibir o pensar que pérdidas trágicas repentinas también son parte de la vida. Que debemos contemplarlas, o por lo menos estar preparados para eventos fuera de nuestro control, en la sincronicidad del universo. En realidad, toda la motivación para el éxito lo había invertido en varios aspectos de mi vida, pero no en todos. Como quien completa un *rubix cube,* el pequeño cubo de seis colores, controlando los movimientos para terminar un lado, o dos y quizás tres. Pero es inevitable darse cuenta de que para construir todos los lados hay que conocer el algoritmo. De lo contrario se cometerán muchos errores hasta llegar a completarlo. O quizás renunciar dejándolo incompleto.

El *rubix cube* de mi vida estaba completamente alterado. En lo laboral era número uno, pero era un desastre en lo demás. Parte de la solución ofrecida por el autor estaba en deconstruir para volver a intentarlo. Estaba en dejar de ser quien había sido antes, porque mi futuro seguiría siendo un, *copia y pega* de mi pasado, con los mismos patrones de conducta y personalidad que me llevaron a un rotundo fracaso. Pero tenía dos preguntas: ¿quién era yo realmente? y ¿quién, o cómo quería ser? Tenía una crisis existencial absoluta.

Como cada nueva herramienta del conocimiento, le di uso. Creé y memoricé un nuevo decreto que repetía a diario para implantarlo en mi subconsciente. Iba a un hermoso lago todas las mañanas temprano. Antes de comenzar el día lo contemplaba para estar en contacto con esa inteligencia infinita, con Dios y su creación. Le pedí que se manifestara en mi vida. No me movía hasta que veía una evidencia de su presencia. Él nunca falló, exactamente como lo describía el autor.

Como siguiendo una ley cuántica absoluta, vi muchas señales extrañas pero anticipadas, tuve que creer. No había dudas en mi mente de que esa Inteligencia me respondía, que era real. A pesar de todo el dolor, en esos momentos tuve paz y un poco de energía para comenzar mis días laborales. Con esto recuperaba ánimo para sobrevivir. Quería creer que estaba tocando la mano de Dios todos los días para cambiar mi realidad, para saber con certeza de que este era exactamente el camino que Él quería que siguiera. Y me iba a sanar. Sentí que en medio de todo recuperaba el aliento. Una vez más encontré a la inteligencia infinita. Encontré a la conciencia universal.

Tuve un reencuentro con Dios. Crecí en coraje para enfrentar cada situación. Sentí paz y algo de ganas, pero la tristeza de la ausencia de mis hijos era constante y duradera.

El dolor no desapareció simplemente desviando mi pensamiento del pasado. El proceso en la crisálida apenas comenzaba.

El paso de fe

Cuando no hay mucho que perder, la decisión de ir tras lo desconocido es más fácil. La oruga sabe cuándo ha llegado el momento. No tiene otro lugar adónde ir, se aferra a la pequeña rama y participa intencionalmente en su natural metamorfosis. Una exposición completa en el desierto, una rendición total, confiando en que la naturaleza siga su curso y cuide del capullo. Es un paso de absoluta fe.

Cualquier cosa que no podamos ver, es difícil de creer. Pero si reconocemos que ha ocurrido tan solo un evento en nuestras vidas como resultado de un poder más allá de la explicación y del entendimiento, causado por intervención divina, también debemos entonces reconocer que cualquier otra cosa puede ser provocada por el mismo poder en un momento dado.

Estamos educados con explicaciones científicas tangibles para dar sentido al mundo que nos rodea. Cuando escuchamos sobre algo metafísico, paranormal, espiritual, sobrenatural la gimnasia verbal de los científicos nunca es corta. A partir de la mecánica cuántica o la psicología y otras herramientas se emplean para encontrar conexiones posibles y dar respuestas a lo invisible. O simplemente cuando no las hallan, lo etiquetan como coincidencia, o simplemente como algo falso.

A veces describimos la fe más fácil mirando hacia atrás. Encontramos explicación cuando ciertos eventos y logros ocurrieron por cómo el universo se alineó para producir un resultado favorable que esperábamos, describiéndolo como un acto de fe. Pero cuando otra vez enfrentamos un desafío difícil, tratamos de controlar cada paso del proceso. Con una fe corta seguimos hasta que sucede algo milagrosamente que termina en el resultado esperado, para luego acreditarlo nuevamente a haber tenido fe, pero solo mirando hacia atrás, cuando de hecho dudamos la mayor parte del tiempo. Una fe nerviosa, una fe débil e insegura, no importando las evidencias, una fe inmadura nos hará dudar nuevamente.

El apóstol Pedro vivió en los tiempos de Jesús, presenció su vida y milagros, lo vio caminar sobre las aguas y aun así dudó:

> *"Entonces le respondió Pedro, y dijo: Señor, si eres tú, manda que yo vaya a ti sobre las aguas. Y él dijo: Ven. Y descendiendo Pedro de la barca, andaba sobre las aguas para ir a Jesús. Pero al ver el fuerte viento, tuvo miedo; y comenzando a hundirse, dio voces, diciendo: ¡Señor, sálvame! Al momento Jesús, extendiendo la mano, asió de él, y le dijo: ¡Hombre de poca fe! ¿Por qué dudaste? Y cuando ellos subieron en la barca, se calmó el viento. Entonces los que estaban en la barca vinieron y le adoraron, diciendo: Verdaderamente eres Hijo de Dios" (Mt. 14:28-33).*

Con este paradigma, entonces pensé que la fe solo puede surgir de la conciencia y la comprensión de que estamos conectados con una inteligencia infinita, a un poder universal. A medida que avanzamos en la dirección a Él, debemos creer que en un arreglo complejo más allá de lo lineal. Él también se está moviendo hacia nosotros. Simplemente no tenemos los sentidos para conectar todos los puntos.

Tomás de Aquino dijo: *Describir la fe es casi tan difícil como sería describir el color rojo a un ciego... para alguien que tiene fe, no es necesaria ninguna explicación, para alguien sin fe no hay explicación posible.*

Las increíbles historias de remisiones instantáneas de pacientes con enfermedades terminales han sido acreditadas a una fe inquebrantable. Volviendo al trabajo de Joe Dispenza, revela que una de las principales razones que estos pacientes tenían en común para la cura espontanea, era la creencia de que el mismo poder que les dio vida podría sanarlos. Lo mismo es cierto sobre la contribución de muchas personalidades en la historia que impulsaron una causa en el mundo, poseían una creencia innata, una fe de que las cosas saldrían bien, y así sucedieron. El autor y orador motivacional Jack Canfield y otros nos han enseñado que debemos perseguir nuestras metas y sueños, y el *cómo* no importa, es un acto de fe.

La verdadera fe

Pensé entonces que la fe es la certeza de que a medida que avanzas hacia tus propósitos, incluso si el camino no es una línea recta ascendente, perceptible o predecible, aun así, lo lograrás. No se basa en una transacción lógica o en una teoría newtoniana de causa y efecto, sino que sin importar cuán irregular y desordenado se vuelva el camino, sabes que todo es parte del proceso y cumple un propósito para llegar a tu destino. Luego me convencí de que la realidad de mi vida estaba solo parcialmente bajo mi control, pero nunca presté atención al ámbito que tiene la clave para llenar el vacío que queda cuando lo demostrable o material no es suficiente. Solo cuando diera el paso de fe en dirección a Dios, mi fe sería probada como Pedro en el mar. Sabría lo que es realmente la fe o la falta de ella.

> *"Es, pues, la fe la certeza de lo que se espera, la convicción de lo que no se ve"* (He. 11:1).

Por lo tanto, la fe es la esencia, la plataforma para navegar en el ámbito espiritual. A medida que la experimentamos y adquirimos conciencia, entendemos que lo que estamos buscando no está en el mundo físico. La causa de nuestro vacío es puramente espiritual. Esto creció en importancia, particularmente con mi conciencia de que aplicando los principios para el éxito había conseguido lo propuesto. Ya no era un secreto que el modelo aplicado serviría para subir más alto si así me lo propusiera. Tampoco necesitaba ser un genio para saber que el vacío en mi alma no se llenaría con un bono más grande o un ascenso más. Ni siquiera pensé que tendría que cambiar de carrera, porque como propósito y contribución altruista, mi trabajo no podría ser mejor.

Aunque había puesto el listón alto para mis logros y contribuciones en esta vida, ahora estaba contemplando una nueva ruta. Ya no estaba interesado en invertir mis recursos para comprender cómo las ondas y las partículas atraen la felicidad en el mundo físico, eso lo había hecho toda mi vida hasta ese momento. Ahora estaba listo para exponer mi existencia en total rendición y dejar descansar mis bríos. Era hora de aferrarme a la rama en la crisálida transformadora y dar el verdadero paso de fe en el mundo espiritual, liderado por el Creador del universo.

Si Dios existe...

Para poder comprobar si era verdad lo que el autor había propuesto al concluir que la causa de curas espontáneas apuntaba a Dios, entonces esto me llevaría a las siguientes conclusiones y preguntas. En primer lugar, si Dios realmente existe y su poder que me dio la vida también puede sanarme, ¿puede entonces guiarme para llenar el vacío en mi alma? He navegado en un mar de conocimiento toda mi vida, recopilando frases y citas motivacionales y creando cócteles de sabiduría relativa, un poco de cada filósofo, que utilizaba para acomodar mi estándar moral.

En segundo lugar, si Dios realmente existe, ¿puede ayudarme y guiarme a no perder más tiempo en la alusiva búsqueda de la verdad y llevarme a la verdad absoluta? En medio de una tormenta emocional mi visión del mundo había cambiado totalmente. Ya no podía confiar en mis propias decisiones y acciones, mucho menos en una nueva misión de vida.

En tercer lugar, si Dios realmente existe, ¿puede llevarme a mi verdadero propósito y el cumplimiento de este? Reflexioné en esto de día y de noche. Allí fue cuando tomé la decisión de dar el paso de fe y aclamé a Él por alivio y respuestas.

Decidí dar mi vida por esa posibilidad de que Dios me sanara. Yo daba por hecho que me respondería en lo que me quedara de vida, pero no tenía idea de lo pronto que sería.

Una mañana, en el lago que frecuentaba, una pareja se acercó a mí. Viéndome con la mirada en el horizonte el hombre se sentó a mi lado y amigablemente me hizo algunas preguntas. Después de una corta interacción me pidió orar por mí y acepté.

"Acercaos a Dios, y él se acercará a vosotros"
(Stg. 4:8).

Capítulo 4

Saliendo del lodo

Volviendo a la repentina visita ejecutiva por parte del presidente de la compañía y su delegación a raíz de buenos resultados, en ese periodo yo era un desastre total, ya no me importaba nada, de hecho, pensé que mis días en la empresa estaban contados. Confié en mi equipo para cuidar cada detalle de preparación mientras yo seguía poniendo un pie al frente del otro. Visualizaba y recreaba en mi mente varias veces una posible interacción con los ejecutivos, pero nada se registraba en mi memoria, me resignaba a aceptar lo que fuera que sucediera. En lo que sí estaba claro era que no iba a guardarme nada. Si me desafiaban en lo más mínimo diría exactamente lo que pensaba. Estaba desahuciado. Lo que sucedió después solo tenía una explicación, algunas respuestas divinas ya comenzaban a aparecer.

Los días previos a la visita, durante el ensayo con los ejecutivos del área, me aconsejaron que midiera mis opiniones, que me centrara únicamente en mostrar las victorias y las mejores prácticas y acepté. Llegó el gran día y como era de esperar, los resultados hablaron por sí solos, respaldados por las condiciones impecables del negocio.

Luego, durante su revisión, el vicepresidente felicitó mis niveles de inventario, abrió una larga conversación sobre los procesos y pidió mi perspectiva. Le desafiaron algunas de mis respuestas sobre las nuevas herramientas implementadas de optimización con las que estaba en desacuerdo debido a su falta de eficiencia. Con sorprendente audacia expuse mi tesis. Casi se podía escuchar los cambios de engranaje en los cerebros de los presentes, y funcionó. Esto claramente no lo hubiese hecho ni remotamente en circunstancias normales. Más tarde ese día recibí una llamada de mi jefe que decía: *No sé qué pasó allí, pero tu precio acaba de subir en la bolsa de valores. Durante la asamblea de cierre con los ejecutivos, dijeron que querían clonarte. ¡Buen trabajo!*

Compartí con mi equipo las noticias y les agradecí como siempre, pero en lo personal no di la vuelta de victoria habitual, ni tomé ningún crédito. Sabía que el mismo poder que me dio vida, hizo que esto sucediera. Solo podía agradecer y preguntar ¿qué sigue? Con mi fe en crecimiento, seguía poniendo un pie frente al otro.

No tardó mucho para otra señal. La compañía anunció una oportunidad para líderes emergentes que conduciría a una posible promoción a gerente distrital en el mercado de Puerto Rico. Como nunca, mi nombre sobresalió a causa de la reciente visita. ¿Coincidencia? De ninguna manera. Sabía que me iba, pero tenía que pasar por el debido proceso. No tenía ningún deseo de prepararme para entrevistas o presentaciones y cada vez con un desempeño casi vergonzoso, aprobaba. Tenía cero dudas que me iban a seleccionar. Quizás la oportunidad, en sí fue una prueba ya preestablecida por los jefes. De cualquier manera, comencé a poner algunos asuntos en orden semanas antes de que se anunciara. Sin ningún mérito fui seleccionado. No me jactaba, era obvio que no fue mi mente prodigiosa. Esta vez era una orden, un designio del Creador que tenía que asumir y seguir. No por estrategia propia de reinventarme, sino que por mi total falta de brújula y control no tenía otra opción. Tenía que confiar una vez más y dar el paso de fe.

Durante este tiempo obedecía a regañadientes y aunque ya había aceptado, no podía estar conforme con un destierro. ¿Por qué lejos de mis hijos? ¿Por qué lejos de familiares y amigos que podrán tenderme una mano? Mi compañera de trabajo, cuya amistad lentamente trascendía, ahora quizás también se desvanecería.

Confié y como la oruga y resignado acepté. Trataba de construir una historia en mi mente para darle sentido. Pensaba que era como si hubiese estado viviendo en un lodo mental, una especie de arenas movedizas de la que debería salir alcanzando una rama que me halara. Debía encontrar un lugar de libertad para también algún día extenderla a mis hijos y esperar con convicción que esa rama me llevara a la vida y a la realización.

Adicción y desintoxicación

Cuando se trata de partir sin una razón que pareciera lógica, quienes en verdad te aman se preguntarán el por qué. No quieren que te vayas y pongas tu vida en peligro. Intentan frustrar tus planes para ayudarte a evitar dolor innecesario. Quieren protegerte, por eso dudas y esperas. Necesitas y quieres su validación, su apoyo, su aprobación, las condiciones perfectas que nunca llegan. Entonces un día te das cuenta de que todavía estás en el lodo, esta vez mucho más hundido en él.

Ese lodo, independientemente de ser privilegiado, con riquezas o no, está compuesto principalmente por el apego al entorno, el pasado, sentimientos familiares y patrones de pensamiento habituales. También se compone de estrés, miedos, drama, codependencia, distracciones, traumas, placeres y muchos otros factores limitantes y emociones habituales que nos hunden lentamente. También sabemos lo que representa esa rama, la esperanza a una mejor vida, aunque parece obvio, no nos aferramos a ella. No solo por el dolor de la separación y los miedos comunes, sino porque somos profundamente adictos a esas emociones que componen el lodo.

Me convencí de que estas son la razones por la que no perseguimos nuestros sueños u obedecemos el plan del Creador para nosotros. Somos adictos y miedosos. La mayoría de las veces no carecemos de motivación, dinero o educación. Lo que necesitamos es valentía para dejar las adicciones salir de la zona de confort y pasar por el proceso de desintoxicación.

Cuando cambiamos para mejorar, como al subir un escalón en la escalera del éxito, o contraer matrimonio, o mudarnos a un vecindario más seguro, esto nos genera satisfacción, alegría y con gozo asumimos el cambio. Pero cuando el dolor o la incomodidad del cambio supera la recompensa de la meta, lo pensamos dos veces. El juego al azar con la dirección completa de nuestras vidas se torna casi imposible.

Cualquier adicto a las drogas que haya pasado por un período de desintoxicación puede expresar la dificultad y desespero asociados con ella. Ese dolor nos asusta, nos paraliza, nos mantiene petrificados. No podemos enfrentar nuestros miedos y simultáneamente nuestras adicciones continúan tirando hacia abajo como la gravedad, para caer y recaer. Entonces sentimos nuevamente el placer, lo agradable y seguro que resulta ser nuestra zona de confort, nuestro cálido y cómodo lodo.

Los requisitos para la desintoxicación son proporcionales al cambio esperado. Es difícil lograr tal desapego. Una vez lograda, se debe permanecer fuerte y alerta a cualquier tentación de recaída. En mi lucha pensé que aferrarse a esa rama tomaría un gran nivel de fuerza, coraje, voluntad y determinación de un super atleta para desafiar las leyes de la gravedad. Si la dejaba ir sería más difícil dejar la adicción. Volveríamos a donde empezamos. La severidad continúa multiplicándose con cada relapso debido a la culpa, el lamento y la pobre autovaloración por nuestra debilidad. Por esto, el entorno es vital para mantenernos firmes, explicando quizás el aislamiento en las instalaciones de rehabilitación.

Había aprendido que nuestro cerebro y sistema nervioso juegan el papel principal en el proceso de desintoxicación, deconstrucción o reprogramación. Pero como toda mala adicción, la recuperación comienza primero con la admisión.

La literatura reciente en el área de la neurociencia nos dice que nuestro cerebro quiere mantenernos a salvo. Envía todas las señales posibles para que nos quedemos intactos. Lo hace al dosificar las mismas transmisiones y reacciones químicas que nuestro cuerpo ha experimentado por algún tiempo, o a lo largo de la vida. Mantiene una distribución equilibrada de dopamina natural, hormonas y neurotransmisores que conforman nuestro estado de ánimo y personalidad. Cuando ese proceso se interrumpe, porque intentamos algo diferente después de escuchar un discurso motivacional, o leemos un libro, de la noche a la mañana nos convertimos en héroes. Comenzamos una rutina de ejercicios, nos inscribimos en una clase, o terminamos una relación toxica. Al poco tiempo nuestro sistema nervioso detecta una amenaza y actúa haciendo que regrese a las normas habituales. Intenta todo lo posible, incluyendo toda táctica de manipulación, emociones negativas causadas por pensamientos perjudiciales. Activa traumas e inseguridades. Crea miedos, pereza, antojos, tentaciones e incluso dolor, sí, dolor físico. Esto algunas veces explica la tensión en la espalda y muchas otras condiciones físicas para no enfrentar traumas profundos y sanar desde la raíz. El dolor frena la intención de enfrentar tal trauma. Esta teoría fue profundizada por el trabajo del doctor John Sarno y detallada en su libro *Sanación del dolor de espalda*. Hay varios testimonios de beneficiarios de su tesis, que en casos severos estos dolores duraderos fueron causados por traumas profundamente reprimidos y abrumadores, que nunca fueron solventados. En su libro leemos: *El síndrome de miositis tensional (SMT), también conocido como síndrome mioneural tensional, existe solo para distraer mi atención de las emociones. Dado que mi espalda es básicamente normal, no hay nada que temer. Por lo tanto, la actividad física no es peligrosa... Nadie hubiera adivinado que las emociones profundamente reprimidas podrían producir tal tensión.*

El cerebro simplemente crea una distracción para que cambies de opinión, para que pienses dos veces antes de actuar y regreses a lo habitual. Todo se debe a que nuestros cerebros intentan cuidarnos bien. Es una forma de *tough love,* la dureza con la que alguien trata a un ser amado por su propio bien. Como una buena madre que no permite que su hijo participe en deportes por temor a golpes o rasguños, o a que aprenda a nadar por miedo a ahogarse. La mamá crea una imagen de eventos adversos para evitar que lo intente con tácticas de miedo, para mantener el niño a salvo. Pero tanto, la madre como el sistema nervioso tienen buenas intenciones. Desean lo mejor para nosotros. Pero en el proceso de sobreprotección estamos impedidos de la vida a la que cada uno fue creado. Después de todo, ¿no es mejor prevenir que lamentar? Claro que no.

Entonces concluí que primero, debemos admitir y reconocer la adicción. Luego, ir a desintoxicar o deconstruir nuestra programación. Finalmente, buscar el cambio anulando las tácticas preventivas de nuestro cerebro. La mala noticia es que, incluso cuando tenemos este conocimiento, nos cuesta, o nunca tomamos la decisión. En otras palabras, de acuerdo con este paradigma, para poder romper nuestras adicciones debemos ser conscientes para usar nuestro cerebro como la herramienta que es. Tener la intencionalidad a la búsqueda de lo que nos sana desde lo fundamental y dar el paso, aunque duela o incomode. En mi caso, yo no podía dejar de consumir azúcar ni por dos días, contemplar un cambio de vida sí que sería incomodo.

Mientras racionalizaba en el estado de adicción, mi paso siguiente fue estudiar cómo salir de ella. Decidí entonces buscar cómo hacerlo, cómo desenredar las raíces de mi distorsión emocional. Navegaba en línea cuando leí los doce pasos para rehabilitación de alcohólicos anónimos. De los cuales el más sobresaliente dice: *Llegamos a creer que un poder superior a nosotros podría devolvernos el sano juicio.* Esto me detuvo en seco. ¿Dónde había escuchado eso antes? Primero, Joe Dispenza con la sanación inmediata de pacientes terminales y ahora, estos pasos que se habían publicado en 1930, incluyendo: Resolvimos confiar nuestra voluntad y nuestra vida al cuidado de *Dios*. Admitimos ante *Dios*, ante nosotros mismos y ante otro ser humano la naturaleza exacta de nuestras faltas. Estuvimos enteramente dispuestos a que *Dios* eliminase todos estos defectos de carácter. Pedimos a *Dios* humildemente que nos librase de nuestras culpas.

En todos, el denominador común es Dios. Ya no solo es una teoría, es en realidad, un método científico poco aplicado y proclamado. Era claro entonces, que necesitaba prenderme de la rama divina que me sacaría del lodo. Debía reencontrar alineamiento con mi Creador y creer que Dios podría devolverme el sano juicio.

Mi primera reacción fue preguntarme: ¿Por qué no se habla más de esto? Días después me llegó el momento de ir dispuesto pero temeroso al centro de rehabilitación, aclamando a Dios que me devolviera el sano juicio y eliminara defectos de mi carácter.

Conócete a ti mismo

Cuando acepté la nueva posición empaqué nuevamente mi vida en una maleta, esta vez con menos libros y lleno de tristeza, pero con fe y disposición para enfrentar lo que fuera que viniese. Mientras descendía el avión pude percibir la belleza de la isla de Puerto Rico, la verdadera Isla del Encanto. En pocos días renté un pequeño apartamento a dos cuadras de la playa, algo cerca al viejo San Juan. Parecía un paraíso, y lo era. Pero, aunque la vista era hermosa, para mí fueron meses de infierno viviente, donde sentí el dolor ardiente y agudo de la desintoxicación.

Fueron días terribles. Despertaba cada mañana con un profundo dolor seguido de la tortura de enfrentar a los demonios que me atacaban por todos lados.

Sentía como agujas perforándome el tórax, las lágrimas y los temores se aferraban solo a mi fe, pero dudaba constantemente. Daba gritos en mi pequeña habitación sin ventanas. Golpeaba el aire, las posiciones fetales y querer morir era una constante. No era suicida, también tenía miedo de eso. No tenía idea de lo que estaba haciendo. Como un loco escribía todo tipo de palabras en hojas de papel y las colgué en la pared como recordatorios para seguir avanzando un pie al frente del otro, un día y después el otro. El dolor físico se manifestaba bruscamente en la parte inferior izquierda de mi abdomen y un dolor agudo en mi garganta. En adición, la condición de intestino irritable se había agravado con sangrado constante.

Me deshice de todo material motivacional. No me importaban los fantasmas que rodeaban lo que pensé que sería mi lecho de muerte, los fantasmas en forma de objetivos, ideas o sueños sin cumplir. Ninguno se apareció. Había perdido el significado de la vida. Las voces, sonrisas y el llanto de mis hijos hacían eco en mi mente. Los recuerdos me acongojaban profundamente y los pensamientos de alguien más cuidando de ellos eran puñales en mi estómago. Estaba ardiendo intensamente en agua hirviendo. No fui lo suficientemente fuerte para aguantar y no recaer a mi adicción al apego del pasado. No podía aguantar más y en el momento más doloroso y temible de mi existencia, le pedí a Dios que me llevara, que me quitara la vida. Sin medicación, sin anestesia, ya nada importaba. Fue entonces cuando, como un despojo humano en el suelo, postrado en total dolor y rendición, aclamé a Él y le pedí que, si realmente existía, si quedaba algo útil aun en mí, que me usara para su voluntad si así lo quisiera. Ya no quedaba ninguna razón en mí, o si no, que me llevara ahí mismo.

Cada mañana la batalla se renovaba, era una incesante pelea entre el bien y el mal en mi mente. Ningún sentimiento positivo persistía. Incluso, el trabajo altruista que estaba ejerciendo no tenía una recompensa duradera, se iba a la medianoche. Creí que mis traumas eran irreversibles y que tenía el cerebro lleno de basura al mismo tiempo. Para alguien que se benefició enormemente de la premisa de la fortaleza mental y la actitud optimista, a quien no le gustaban las quejas ni los quejosos, ahora tenía que luchar con demonios y fui derrotado constantemente. Lo arduo de la batalla mental me recordaba una corta historia a la que recurría y solía referir para ilustrar la fortaleza mental que narraba así:

> *Una tarde, un viejo Cherokee le contó a su nieto sobre una batalla que se desarrollaba dentro de las personas. Él dijo: Hijo mío, hay una batalla dentro de todos nosotros. Es una lucha terrible y es entre dos lobos. Uno es malvado. Es ira, envidia, tristeza, arrepentimiento, avaricia, arrogancia, autocompasión, culpa, resentimiento, inferioridad, mentiras, falso orgullo, superioridad y ego. El otro es bueno. Él es alegría, paz, amor, esperanza, serenidad, humildad, amabilidad, benevolencia, empatía, generosidad, verdad, compasión y fe. La misma pelea está ocurriendo dentro de ti y dentro de cada persona. El nieto lo pensó por un minuto y luego le preguntó a su abuelo: ¿Qué lobo ganará? El viejo Cherokee simplemente respondió: Al que alimentes.*

Tenía claro cuál lobo estaba alimentando en ese momento. Simplemente porque no tenía voluntad propia para alimentar a nadie, el malvado lo arrebataba todo. ¿Pero quién es realmente el lobo bueno? En la historia, el viejo Cherokee lo define como: alegría, paz, amor, esperanza, serenidad, humildad, amabilidad, benevolencia, empatía, generosidad, verdad, compasión y fe. ¿Pero qué rasgos yo poseía realmente? En mi egolatría y la visión exitosa de mí mismo podría encapsular algunos. Pero ¿estaba en lo cierto?, ¿realmente me conocía a mí mismo? ¡Para nada! Estaba completamente ciego, en una película de Hollywood creada por mi propia vanidad. Mi conjunto de valores y de principios inquebrantables muy bien empaquetados que me habían servido para tener un impacto en mi pequeño mundo, ahora habían salido por la ventana. Había bebido el *kool-aid* de los triunfadores en potencia, pero cuando perdí el control y me enfrenté a una encrucijada de vida o muerte, no tenía ni idea de quién era.

En Grecia durante siglos, uno de los conceptos más mencionados en términos de despertar de la conciencia fue *gnothi seauton,* o conócete a ti mismo. Fue conocido como uno de los prerrequisitos para acceder a la sabiduría filosófica. En el campo de desarrollo personal de hoy en día, el término autoconciencia en el ámbito laboral, o el conocerse a sí mismo se amplifica en todas las evaluaciones de competencia, desempeño laboral y toma de decisiones.

Una herramienta muy conocida en corporaciones es el análisis *FODA*, o sea fortalezas, oportunidades, debilidades y amenazas. Otros análisis reconocidos que evalúan estilos de personalidades son Myers–Briggs (MBTI) y muchas otras pruebas de entrada en solicitudes de empleo que miden madurez del candidato. Estas se utilizan como línea de base también para el desarrollo de futuros líderes, maximizar su potencial y rendir a un alto nivel.

El término autoconciencia se puede considerar uno de los mejores estados de ánimo y habilidades que uno puede desarrollar para ser más efectivo en todos los campos del esfuerzo. Se ha dicho que aquellos que son conscientes de sí mismos son más seguros, más creativos y tienen mejores relaciones. Sin embargo, muchas personas hoy en día buscan constantemente la realización a través de la autoconciencia. Según los estudios descritos por Tasha Eurich, autora del libro *Insight*, declara que el noventa y cinco por ciento de las personas piensan que son conscientes de sí mismas, pero solo el diez o el quince por ciento en realidad lo son. Si esto es cierto, se puede concluir que vemos una imagen de nosotros mismos de la forma en que nos gustaría ser, mas no como realmente somos. Se puede decir que esto no es malo, ya que nos motiva a alcanzar esa ilusa realidad de pensar ser mejores de lo que realmente somos, pero está claro que los resultados son puramente subjetivos.

Desde que nacemos desarrollamos o heredamos un conjunto de atributos que componen nuestra identidad, tendencias y propensiones que nos guían a tomar decisiones y nos dan un molde de lo que es normal, el *ethos*. Ofrece una clara distinción de cuándo estamos cruzando la línea del área de lo aceptable o de falta de conciencia. Pero un conjunto de valores heredados, aprendidos, o qué tanto nos conocemos a nosotros mismos no necesariamente significa que esa es la forma correcta de conducirnos en la sociedad. Debe haber un estándar moral que dicte cuál es la forma correcta de interactuar con el mundo. Que separe lo correcto del error.

Establecer líneas rectas

> **Espiritualmente hablando, conocerse a sí mismo es más profundo que de solo medirnos contra la persona que aspiramos a ser. Más bien, es una evaluación absoluta y objetiva de la forma en que dirigimos nuestras vidas.**

Debemos saber si estamos en línea con los principios morales que este mundo impone, o si la forma en que interactuamos con nuestro prójimo y con nosotros mismos está en armonía con la autoridad moral absoluta de quien nos creó. Debemos entonces examinarnos a nosotros mismos, no con trasfondos culturales y sociales, o relativismo moral, sino con un estándar de esa verdad absoluta de Dios. El escritor C.S. Lewis dijo: *No puede haber una línea torcida a menos que haya un estándar de una línea recta*.

Entonces fue cuando Dios me respondió y una vez más me detuvo en seco. Me di cuenta lo torcida que se encontraba mi existencia. Al colocar la diapositiva de mi vida sobre ese estándar de justicia, descubrí que estaba completamente torcido, pero también reprendido y afligido. Reprendido, porque sin duda yo era el culpable de mi miseria, recogí lo que realmente sembré. Afligido por darme cuenta de quién era yo realmente. Superficialmente siempre pensé que pasaba la prueba del poema el hombre en el espejo con atributos para salir adelante y alimentar mi ego. Pero espiritualmente estaba totalmente en bancarrota. Era un árbol artificial frondoso, pero sin raíz. Una casa bien amueblada, pero sin cimiento.

Quebrantado por mi dolor, vi con certeza que Dios me estaba corrigiendo con mi destierro. Me confrontó con la verdad. En realidad, toda mi vida había sido un mentiroso, orgulloso, ególatra y un tramposo. Era dado a la lujuria de los ojos y la carne. Un oportunista con la capacidad de resolver todo y maniobrar con rapidez. Usé un relativo encanto para manipular personas y situaciones con tácticas maquiavelistas sin margen de error. Como último recurso emplearía mi carisma para sacar un conejo del sombrero y salir de situaciones complicadas. Todo para que mi reputación permaneciera intacta. Estaba demasiado ocupado tirando de los hilos, orquestando mis grandes actuaciones año tras año, cubiertas por la fascinante retórica del desarrollo personal embellecida por una forma de espiritualidad. Pero a los que estaba estafando era realmente a quienes más amaba y ahora también al hombre en el espejo. Peor aún, a Dios mismo. Tal vez me desprecié con dureza, pero entendí que la vida es más sobria de lo que pensaba. menosprecié lo que era verdaderamente importante. Vivir de manera casual me pasó factura. Aún más al entender que mi inmadurez espiritual no era un jueguito para Dios. Descubrí que Él no puede ser burlado.

> *"No os engañéis; Dios no puede ser burlado: pues todo lo que el hombre sembrare, eso también segará" (Gá. 6:7).*

Tuve que ser roto en pedazos para que Dios me revelara las respuestas que anhelaba. Entonces supe que Dios no es solo una conciencia universal que esta para darnos lo que pedimos o declaramos. Él es un Dios personal que me dio vida, que podía sanarme. Pero también y lo más importante en este caso, que me estaba abriendo los ojos a la verdad. Me estaba haciendo responsable de mis actos y enderezando mi propósito. Yo estaba completamente torcido y Él me estaba mostrando con mi propia conciencia y su Palabra el estándar de una línea recta, el estándar de justicia, de su justicia divina.

Estuve en la oscuridad toda mi vida, pero una vez que me expuse a su luz pude ver todas mis manchas y llagas. Claramente me estaba guiando a la verdad que me cayó encima como una pared de ladrillos.

Aunque desde temprana edad conocía el atributo de rectitud y justicia por parte de Dios hacia nosotros, convenientemente lo había reprimido y cambiado por un dios indiferente. Como el genio de la lámpara que se ha dado a conocer por líderes de la prosperidad. Pero su atributo de corrección trascendió de teoría a los hechos con mi cruda realidad. Estaba muerto espiritualmente. Había sido un pecador desde que tengo memoria y ahora me había quitado la venda para conocerme a mí mismo. Fue otro tipo de transformación, transformación por revelación, donde de ningún otro modo podría percatarme de mi naturaleza caída.

Esto generó más preguntas. Yo era el responsable de mi miseria y debería pagar por mis pecados y errores. Pero ¿por cuánto tiempo entonces tendría que pagar y cómo? Había erróneamente creado en mi mente una versión de Dios, al que solo le pedía cosas que quería y visualizaba.

Estaba completamente equivocado sobre quién Él es realmente y de la verdadera relación con Él. Entonces, ¿cuánto más no sabía?

Estaba convencido que no importaba cuánto buscara o investigara, no iba a encontrar la verdad por información o por mi propia cuenta. Estaba claro que se me permitía ver estas cosas solo porque Él quería revelarlas a mí en espíritu. ¿Qué más revelaría?

No podía ser el único que había buscado a Dios de esta manera o por una causa similar. ¿Quién más estaba en mis zapatos? y ¿cómo sanarían?

No dejaba de reflexionar en que la contrición y humillación fueron parte significativa de mi desintoxicación al darme cuenta de que Dios, quien me sacó del lodo del delirio me estaba ahora triturando y transformando de acuerdo con su voluntad. Me había llevado a un profundo arrepentimiento.

Capítulo 5

Un Dios de milagros

Una mañana muy temprano sin poder dormir, caminé afuera del apartamento y llegué al frente al océano. Pude contemplar una vez más el bello panorama. Sentía una agradable brisa mientras caminaba hacia el mar puertorriqueño. Algo me dio el impulso de sumergirme y comencé a nadar hacia el sol naciente. Escuché en algún lugar que los tiburones cazan al amanecer así que pensé con temor: tal vez así Dios me llevaría si esa fuera su voluntad, pero otra vez disparataba.

Al día siguiente lo volví a hacer, y al siguiente, hasta que de repente algo comenzó a suceder. Las dopaminas estaban haciendo que el proceso fuera agradable, era una rutina sutil de ejercicio. Lo hice repetidamente y ningún tiburón se apareció, comencé a agregar rituales matutinos, incluyendo leer un devocional bíblico que mi hermano Alfredo me había obsequiado al comienzo de ese mismo año. Me impuse conectarme con Dios varias veces al día como un llamado constante por *walky talky* para buscar la dirección correcta, una forma de oración. Muchas manifestaciones sobrenaturales y señales difíciles de explicar durante un período de tiempo nuevamente dejaron en claro que Él estaba presente. La montaña rusa emocional continuaba, pero ahora con un poco de optimización corporal y claridad mental. El saber que podía descansar en la soberanía de Dios para cuidarme durante tanta incertidumbre era en realidad un gozo profundo. Era como una garantía y prueba de su existencia, no había espacio para la duda de que Él era real, dándome paz y confianza. A la vez que mantenía una comunicación telefónica con mis hijos en la distancia como dosis de ánimo para seguir, ahora con más ganas, poniendo un pie al frente del otro.

Huracán María

Luego de unos meses llegó una tragedia a Puerto Rico. Un devastador huracán categoría cinco destruyó la isla y la vida de muchos en ella. Todo se detuvo y cambió repentinamente. Días antes que azotara la tormenta sugirieron a las personas a evacuar el área de Ocean Park, donde yo vivía, aunque no tenía a dónde ir. Pero lo sobrenatural volvería a rescatarme, dos horas antes de que comenzara la fuerte lluvia ya me encontraba a salvo y tranquilo, cenando en casa de un pastor de una iglesia local y su familia. Ellos sin conocerme acababan de abrir las puertas de su hogar para darme refugio. Nada menos que otro milagro. En realidad, mi querida amiga cristiana, quien ahora era como un salvavidas en el naufragio de mi presente, había iniciado una cadena de llamadas con su padre, un hombre de Dios que aún no conocía y, aun así, hizo lo posible para contactar a quien unas horas antes de la tormenta, dejaría sus prioridades y su propia familia para recogerme en mi lugar de trabajo. Estas cosas simplemente no suceden. Pero en realidad sabía que no sería desamparado. Sabía y sentía de quién en realidad venía la ayuda.

Para mí fue enternecedor recibir tal ayuda y hospitalidad. Me ofrecieron un chocolate caliente y galletas, me dispusieron una muda de ropa, sandalias y el sofá para dormir la noche. El pastor Jesús me dio posada durante más de una semana, traté de no incomodar y de servir de ayuda mientras estuve allí. Aunque fracasé en el intento, él y su familia en cambio, me ayudaban cada segundo con cada conversación, cada comida y cada oración. Interactuábamos de la única forma que podíamos en ese entonces, cara a cara, sin energía eléctrica, sin teléfonos, ni lugar a donde ir. Su compañía y cuidado fueron un bálsamo en ese momento y su sentido del humor era como aire fresco.

Los días siguientes fueron muy difíciles. Fue duro ver la devastación y la necesidad total, ver tanta pérdida de primera mano. Con todo esto sucediendo en el exterior, una emoción arrolladora me hizo poner mis problemas en espera. En el trabajo ahora estaba motivado para usar la gorra de gerente de crisis y ayudar de cualquier forma posible. Evento que me obligó a hacerme útil por una causa significativa.

No hay nada más gratificante que la capacidad de ayudar y hacer cosas por los demás. A medida que lo hacía sentía alivio en mis propias heridas.

Es cierto que la verdadera alegría proviene de amar al prójimo y ayudar a otros, como escuché decir muchas veces a Zig Ziglar: *obtienes lo que quieres cuando le ayudas a los demás a adquirir lo que quieren.* Steven Covey también decía: *busca primero entender para luego ser entendido.* Y la regla de oro de Mateo 7:12 que cita: *Traten ustedes a los demás tal y como quieren que ellos los traten a ustedes.* Esta era una verdad irrefutable.

Mis problemas ciertamente se disminuyeron levemente ante el dolor colectivo. Fue comparar mi pequeña loma con las montañas del dolor ajeno, pero sabía que una vez que el polvo se asentara tendría que seguir luchando mi guerra interna.

Después de unos días asistí a la iglesia del pastor Jesús, que comparadas con el resto de otras instalaciones después del huracán, había sobrevivido. En su sermón le escuché decir: *"Todo lo puedo en Cristo que me fortalece"* (Fil. 4:13). Era el aliento que todos necesitaban en un tiempo como ese. Estaba asimilando cada palabra y con cada canción de adoración llamaba a Dios a mi corazón. El Dios que durante años había olvidado y mutado a un genio de la lámpara, su amor por mí me llevó a ese momento para reconciliar mi existencia con mi Creador.

Una noche sentados afuera de la casa del pastor, aun sin electricidad, las estrellas eran particularmente más brillantes y a falta de luz artificial tuvimos una cena bajo las estrellas. Yo apreciaba el firmamento como cuando era niño y comenzamos una conversación sobre la vasta y hermosa creación. Su hijo Alejandro comentó sobre un libro que había leído de un autor local que narraba acerca de un matemático, Georg Cantor, del cual se presumía había enloquecido a raíz de su búsqueda matemática del infinito. También abordaba principios antrópicos y el ajuste fino del universo, enlistando algunos detalles de la vida humana que solo podría ser posible por un diseño inteligente, la creación de Dios. Me despertó curiosidad, profundicé en esto y fue de total fascinación leer cómo Dios fue intencional con cada detalle para la vida humana.

Según Heeren: *Si la fuerza gravitacional fuera alterada en 1 parte en 1040, eso es 10, seguido de cuarenta ceros, el sol no existiría y la luna chocaría con la tierra o se perdería en el espacio*. Incluso un ligero aumento en la fuerza de la gravedad daría como resultado que todas las estrellas fueran mucho más masivas que nuestro sol, con el efecto de que el sol se quemaría demasiado rápido y erráticamente para sostener la vida.

Si la fuerza centrífuga de los movimientos planetarios no equilibrara con precisión las fuerzas gravitatorias, nada podría mantenerse en órbita alrededor del sol. *Si el universo se expandiera a una velocidad una millonésima más lenta de lo que es, la temperatura en la Tierra sería de 10.000 grados C.*

El oxígeno comprende el 21 por ciento de la atmósfera. Si fuera el 25 por ciento, estallarían incendios. Si fuera el 15 por ciento, los seres humanos se asfixiarían.

Si Júpiter no estuviera en su órbita actual, seríamos bombardeados con material espacial. El campo gravitatorio de Júpiter actúa como una aspiradora cósmica, atrayendo asteroides y cometas que de otro modo chocarían con la Tierra.

Si el grosor de la corteza terrestre fuera mayor se transferiría demasiado oxígeno a la corteza para sustentar la vida. Si fuera más delgado, la actividad volcánica y tectónica haría insostenible la vida.

Si la rotación de la tierra durara más de 24 horas, las diferencias de temperatura entre la noche y el día serían demasiado grandes. Si el período de rotación fuera más corto, las velocidades del viento atmosférico serían demasiado grandes.

Si la tasa de descarga atmosférica, los relámpagos, fuera mayor, habría demasiada destrucción por fuego. Si fuera menor, habría muy poca fijación de nitrógeno en el suelo.

Si hubiera más actividad sísmica, se perdería mucha vida. Si hubiera menos, los nutrientes en los fondos oceánicos y en la escorrentía de los ríos no se reciclarían de regreso a los continentes a través del levantamiento tectónico. Incluso los terremotos son necesarios para sostener la vida tal como la conocemos.

Solo alguno de muchos datos precisos que solo serían posibles por medio de un diseño inteligente, el diseño de Dios. Esta vez Dios me estaba enseñando desde lo básico y elemental, el hecho de que Él fuera el Creador de todo. Aún no poseía una comprensión plena, aún tenía una visión abstracta de sus métodos y propósito. Me preguntaba con curiosidad a dónde Él me llevaría a continuación. Estaba totalmente dispuesto.

En las siguientes semanas, en mi trabajo las dificultades continuaron, estábamos en modo de emergencia y cada equipo se esforzaba para mantener las puertas abiertas. La compañía envió profesionales técnicos a la isla para asegurarse que los sistemas y redes funcionaran. Los primeros voluntarios que llegaron fueron Joe y Glenn desde el estado de Texas y Florida, que sin hablar el idioma conocían bien el lenguaje de servicio. A falta de GPS y comunicación en la isla, mi posición cambió repentinamente de líder a chófer para garantizar que llegaran seguros a sus ubicaciones. En nuestros recorridos conocí algo de sus vidas y yo también compartí algunos detalles personales como forma de desahogo o terapia. No tardó mucho en que uno de ellos, Glenn, compartiera su fe conmigo y me preguntó si leía la Biblia, le dije que a diario. Después de algunas interacciones, se dio cuenta de que leía versículos aislados, afirmaciones, pero no la Biblia. Glenn mencionó que él la había leído más de sesenta veces.

Primero pensé, ¿qué sentido tenía leerla tanto? Segundo, que él tenía la razón al decirme que yo no leía la Biblia, todavía estaba sujeto a mis decretos y afirmaciones, pero solo estaba leyendo versículos como apoyo para la manifestación que quería crear. Glenn no podía dejar de compartir conmigo cómo Cristo lo había salvado de un pasado realmente vergonzoso y pecaminoso. La leía tantas veces porque debe ser nuestro alimento espiritual, como Jesús dijo:

> *"Él respondió y dijo: Escrito está: No solo de pan vivirá el hombre, sino de toda palabra que sale de la boca de Dios" (Mt. 4:4).*

Su testimonio y la Biblia fue de lo único que conversamos por varios días, hasta su regreso a casa después de la misión cumplida. Después de varias semanas las tiendas y negocios comenzaron a abrir sus puertas nuevamente. Ofrecieron descuentos, en un intento de levantar la economía que había sido seriamente afectada.

Vi un aviso de ofertas en la inscripción de gimnasio local al que decidí asistir, y luego de varios días conocí a un entrenador de boxeo independiente, que al darme una demostración gratis me hizo inscribirme de inmediato. Ya no estaba golpeando el aire, estaba dejando ir mi ira y frustraciones con cada golpe en el saco de boxeo. Después de algunas sesiones, el entrenador David fue de gran ayuda, me hizo responsable de mis rutinas y coincidentemente también era un hombre de fe, era cristiano.

En nuestras conversaciones le pregunté sobre la Biblia. Él dijo que la Biblia contiene todo lo que necesitas saber para vivir tu vida. Le repliqué que la Biblia no podía contener todo, a lo que él me dijo que es obvio que el Biblia no te enseñará todo. Por ejemplo, no te habla sobre los cambios de aceite en el auto, ni sobre el boxeo. Pero sí contiene todo el fundamento sobre cuestiones de fe y conducta. Me impresionó su habilidad para memorizar textos e ilustrar cada punto de vista con ellos.

Una tarde, después de una sesión de entrenamiento, su conocimiento teológico saldría a relucir cuando al tomar un par de refrigerios conversamos sobre redes de negocios. Alguien que estaba cerca nos escuchó y amigablemente dijo que era un entusiasta de los negocios y matemático, a lo que respondí con una pregunta: *¿pero usted no está tratando de descifrar el infinito?* Le expliqué mi tonta pregunta, él con una sonrisa y al mismo tiempo extrañado, dijo: *Soy ateo*. Después de algunos comentarios la conversación se convirtió en un debate de creación vs evolución. Comenzamos lo que llamé un tenis mental, una forma de debate que usé con mis hijos para estimular el pensamiento y la expresión sin juzgar, solo un intercambio amistoso de ideas. Apoyado en mi nuevo aprendizaje de la creación, más el conocimiento bíblico del boxeador, él matemático estaba noqueado. Pero sin importar lo que dijéramos, su mente estaba decidida exclamando: *No necesito un Dios para salir adelante y además soy envidiablemente feliz. No quiero que nada cambie*. ¿Dónde había escuchado eso antes? Después de un par de horas terminamos el aparente partido, me alejé con sed de conocimiento, el boxeador se fue triste por un alma perdida y nuestro amigo ateo, se fue ateo. Pero una semilla fue sembrada.

En la isla la escasez de alimentos era alta. La ley seca y toque de queda estaban en orden. Con mi rutina de ejercicios mi mente estaba más clara, menos letárgica y nebulosa. Era parte de la desintoxicación, sí, pero también una forma de ayuno y un despertar espiritual, orando activamente y meditando. Ahora sin decretos o mantras filosóficas, sino en la Palabra de Dios.

Comencé a asistir a la iglesia del pastor Jesús cada semana. Un domingo después del mensaje hizo un llamado al altar a quienes, yo pensé, tenían alguna necesidad de oración. Me acerqué al frente y para mi sorpresa nadie más lo hizo. Él oró por mí y me dirigió en una oración de fe para reconocer y arrepentirme por mis pecados, recibir a Jesucristo en mi corazón y convertirlo en mi Señor y Salvador.

Con total intención, di en ese momento las llaves de mi vida a Dios para que tomara todo el control. Mientras me di vuelta para regresar a mi asiento vi a toda la congregación regocijándose por mi decisión.

Pensé que conocía a Cristo, pero no sabía la diferencia que ese paso haría. Aunque no comprendí el significado de ese evento hasta meses después, había depositado en ese mismo instante una confianza completa en Dios con mis hijos. Me abandoné completamente a Él para seguir su guía en todos los sentidos con completa fe. Dios me estaba mostrando que Él tenía el control, llevándome a un período de experiencia y conocimiento. Todos los milagros y revelaciones apuntaban en una dirección: *El camino, la verdad y la vida.*

En mi estancia en Puerto Rico fueron muchas las manifestaciones que solo podría describir como intervención divina, como milagros, incluyendo la desintoxicación emocional y la sanación total de los trastornos digestivos. Comprendí que los milagros son el lenguaje en que Dios nos habla en persona, individualmente. Se revela claramente para escucharle y verle con los oídos y ojos del corazón. No deja la mínima sombra de duda de que Él es absolutamente real y verdadero y al leer su Palabra lo pude corroborar.

> *"Si no hago las obras de mi Padre, no me creáis. Mas si las hago, aunque no me creáis a mí, creed a las obras, para que conozcáis y creáis que el Padre está en mí, y yo en el Padre" (Jn. 10:37,38).*

Con la conclusión de esta etapa y el despertar espiritual de un nuevo nacimiento me preparé para un nuevo de tour, un nuevo desvío en mi proceso de cambio que El también propició por un medio inesperado. Luego de cumplir mi tiempo en la isla el vicepresidente divisional, quien había estado de visita durante la reconstrucción después de la tragedia, me ofreció un puesto disponible en la ciudad de Nueva York, que posteriormente se convirtió en mi anhelado ascenso a Gerente Distrital. Otro milagro, porque fue un logro más sin méritos recientes, que no tuvo vuelta de victoria, sino que fue otra orden que con gozo asumiría.

Al llegar al frío New York en pleno invierno, fui recibido por otro siervo de Dios, el pastor Daniel, quien con un mate caliente me dio la bienvenida en su casa junto a su familia. Luego me llevó hacia mi hospedaje en la ciudad de Brooklyn, misma ciudad donde se encontraba su iglesia a la que asistí regularmente. Él sería quien me impartiera las primeras clases bíblicas cada domingo, daría comienzo a mis estudios teológicos y la lectura minuciosa de la verdad absoluta, la Palabra de Dios.

Capítulo 6

Qué es la verdad

Alguien dijo: ***La verdad es relativa***. Le pregunté: ***¿Es eso verdad?*** Al igual que esta afirmación que se autoanula, a muchos nos intentan convencer de que la verdad se adapta al ojo del espectador. Todos queremos estar en la verdad, cada científico, cada maestro y aprendiz, cada líder religioso, cada seguidor, cada creyente, cada ateo. Nadie quiere separarse de la verdad y al mismo tiempo estamos completamente distantes a ella. Afortunadamente estamos sujetos a leyes físicas que nos gobiernan y ayudan a hacer predicciones precisas de trayectorias y fórmulas. Sabemos con certeza que el sol saldrá mañana al igual que hoy, contamos con que las leyes electromagnéticas, la termodinámica, y la gravedad continúen establecidas para que la tierra siga girando y los ingenieros puedan seguir ingeniando.

Sin emplear las gimnasias mentales y filosóficas de la antigua Grecia, la verdad simplemente corresponde a la realidad. Al igual que el ejemplo del estándar de una línea recta, la verdad es absoluta.

Podemos intentar dar muchas respuestas a 2+2, pero solo 4 es la exacta. Podemos darle al agua diferentes fórmulas químicas, pero solo el H2O es la correcta. Podemos darle a Dios muchos nombres, pero Él es solo uno. La verdad es absoluta: *"Porque hay un solo Dios..."* (1Tim 2:5).

Volviendo a la pregunta de si somos seres espirituales en una experiencia física, o lo contrario, el buscador de la verdad existencial comprende que la verdad que anhela encontrar, la verdad profunda de su ser está más allá de la materia y reside en lo espiritual e invisible. Por ende, solo lo puede saber quién lo puede ver, solo nuestro Creador sabe la verdad y Él es la Verdad. Luego debemos explorar y examinar los sistemas de creencias, partiendo de la premisa de que nuestra mente es finita y desde el ámbito espiritual podemos ver, saber y comprender solo lo que se nos revela.

> *"Pero el hombre natural no percibe las cosas que son del Espíritu de Dios, porque para él son locura, y no las puede entender, porque se han de discernir espiritualmente" (1C. 2:14).*

Una tarde en un corto viaje en el carro desde Nueva York a Connecticut, mi hermano Carlos, que estaba de visita, y yo comenzamos un tenis mental sobre este tema. Intercambiábamos varios puntos de vista y me referí a mi iPhone para ilustrar este punto diciéndole: Tomando la posición de creador, una persona creó el teléfono inteligente. Dentro del teléfono su creador implantó un universo compuesto de aplicaciones, fuente de energía y circuitos que emite ondas y conexiones para que todo funcione. En comparación, suponemos que el teléfono representa el universo, las aplicaciones representan a las personas. Cada una tiene una función, una tarea que cumplir. Supongamos entonces que las aplicaciones entre sí tratan de descifrar quién las creó. Entre ellas debaten, pero no pueden a ciencia cierta saberlo. La ciencia describe lo observable, mas no prescribe la intención del creador. En su búsqueda encuentran cadenas de información y códigos, ondas para comunicarse, energía que las mantiene vivas y atributos para cumplir una función específica. Usando este paralelo, posiblemente Google o nuevas aplicaciones de inteligencia artificial (AI), contienen la mayor cantidad de conocimiento acumulativo en toda la historia, pero ni con todo ese conocimiento y ese dominio puede hacerse un *update* a sí mismo. Para que una aplicación se pueda actualizar necesita estar conectada a la fuente, a su creador. Él diseña el algoritmo, decide qué se sustenta, qué se elimina y qué evoluciona. Toda gira en torno al creador, no en la creación. Similarmente en nuestra visión finita de quienes somos y de la creación a nuestro alrededor, solo podemos crecer en nuestro entendimiento cuando nos conectamos a nuestro Creador, cuando nos revela y permite que veamos más allá del conocimiento acumulativo.

> *"Clama a mí y te responderé, y te daré a conocer cosas grandes y ocultas que tú no conoces" (Jer. 33:3).*

Nosotros buscamos y vemos un universo completo de creatividad, orden y esplendor. Pero necia y arrogantemente pensamos que somos producto de un accidente, que una explosión desordenada creó orden y que toda gira en torno solo a nosotros.

Gracias a nuestro Creador Él reveló la verdad de su creación, para reconciliar nuestra mente limitada con su soberanía y con un plan para la humanidad. Somos barro,

Él es el alfarero y somos vasijas, como unas aplicaciones del teléfono que cumplen una función acorde a su voluntad: "

> *Pero ahora, oh Señor, Tú eres nuestro Padre, Nosotros el barro, y Tú nuestro alfarero; Obra de Tus manos somos todos nosotros."* (Isa. 64:8 NBLA).

Y si de la verdad se trata, yo tendría entonces que comenzar a escuchar la voz de quien dijo ser el hombre que vino a dar testimonio de la verdad:

> *"Yo para esto he nacido, y para esto he venido al mundo, para dar testimonio a la verdad. Todo aquel que es de la verdad, oye mi voz" (Jn. 18:37).*

Nos reveló la verdad del Creador plasmado en un libro inspirado por Él:

> *"Toda la Escritura es inspirada por Dios, y útil para enseñar, para redargüir, para corregir, para instruir en justicia" (2Ti. 3:16).*

Solo en Él se funda el verdadero conocimiento de la fe:

> *"Es, pues, la fe la certeza de lo que se espera, la convicción de lo que no se ve" (He. 11:1).*

Nuestro origen, nuestro propósito y destino.

Ahora lo abstracto se comenzaba a aclarar, porque conjugaría con plenitud la superposición entre lo físico y lo espiritual.

En todas las creencias del mundo en medio de todas las religiones de la historia, solo un hombre afirmó testificar por la verdad y ser la verdad: Jesús. Pero como propuso

C.S Lewis: *O Él era un lunático, un mentiroso completo, o era realmente quien decía ser.* Tendría ahora que leer para averiguarlo, descartarlo o creerlo.

El paso de fe, que condujo mis experiencias y revelaciones hasta aquí tomaron forma en sanación, convicción, corrección y ahora convergían en un solo lugar, la Biblia. De múltiples maneras y por medio de mensajeros, Dios me llevó a leer su Palabra. Pero ¿qué diferencia haría? ¿Qué podría haber en ella que no hubiera escuchado antes en mi escuela católica, familiares devotos o en la misa? Además, aprendí que la Biblia estaba llena de incongruencias y contradicciones, esto es de acuerdo con la enseñanza acerca de la teoría de evolución, de la cual se derivan muchas ideologías actuales.

Entonces pensé: no puede haber evolución del hombre-mono y descender de Adán al mismo tiempo. No se pueden creer dos cosas diametralmente opuestas. De cualquier modo, era hora de comenzar a leer la Biblia, de suspender el consumo de los principios de la vida contemporánea, la literatura de autoayuda y darle paso al libro más vendido en la historia de la humanidad. La fuente de instrucción y conocimiento que ha sobrevivido escrutinio y persecución por muchos siglos, que ha influenciado a la humanidad más que cualquier otro documento. Desde lo pragmático sería un necio no estudiarla. Desde lo académico, sería deshonesto descartarla y no estudiar aquello que se descarta. Sentía la necesidad de escudriñar las Escrituras más allá de versículos que apoyaran una posición preestablecida, más allá de interpretaciones de pastores, sacerdotes y líderes motivacionales. Era hora de leerla con ojos espirituales y saber si es la verdad absoluta y si Cristo era quien decía ser. Lo más importante para mí en ese momento, me preguntaba qué quería Dios decirme a través de ella.

Me sorprendió escuchar que el 90% de los que se llaman cristianos no han leído la Biblia en su totalidad ni una sola vez. Me sorprendió aún más saber que un alumno de sexto grado solo necesita 72 horas para leerla completa. Curiosamente, comencé a leerla desde una aplicación móvil junto con estudios y discursos expositivos de nuevos maestros virtuales que ofrecieron contexto histórico.

La pregunta es: ¿por qué me llevó más de tres décadas comenzar, aun habiendo nacido y crecido en fundamentos cristianos? Por la misma razón por la que la mayoría de la gente no lo hace, es inconveniente. A decir verdad, siempre me sentí intimidado por su contenido. No solo parecía tomar demasiado tiempo para leerla con sus hojas delgadas y letras diminutas y pensar que el género literario sería algo tedioso y aburrido, sino que no quería que me confrontara e hiciera sentir incómodo o culpable lo que leyera. Me conformaba con versos aislados en forma de afirmaciones, pensé que era suficiente.

Sabía que la verdad sería inconveniente y así fue. Mientras más la leía crecí en comprensión acerca de los verdaderos atributos de Dios. Por su ley y su justicia me sentí totalmente condenado, pero también me sentí engañado, estafado, decepcionado, enojado y sucio. Tenía treinta y siete años y sentía una sensación extraña, como si mis padres biológicos me hubieran dado la noticia de que realmente fui adoptado.

La Biblia reveló la verdad. Como un doctor entregando las malas noticias de una enfermedad terminal, comprendí las malas noticias de que con mi previo estado de ignorancia iba de camino a la perdición.

Estaba más podrido de lo que pensaba. La respuesta de cómo y cuánto tendría que pagar por mis pecados era aterradora al no llegar a tener suficiente para pagar una deuda acumulada por toda una vida. Mis obras no alcanzarían para salvarme.

Descubrí que soy un pecador con una necesidad desesperada de salvación. Descubrí que lo espiritual es lo verdaderamente eterno, no nuestra ambición egoísta de lograr el éxito que consume nuestra vida y que al final se desvanecerá. Descubrí que sí existe la vida después de la muerte, pero mi educación y requisitos para entrar a esa vida eran erróneos. Comprendí también la verdad de las buenas noticias.

Las buenas nuevas eran que, a pesar de toda mi podredumbre, había esperanza. Mi deuda fue pagada una vez y para siempre. Lo escuché antes, pero en realidad no había entendido cómo. No tenía idea del verdadero significado de las palabras justificación o gracia.

La Biblia reveló la verdad de que mi experiencia no era única. Hay un sin fin de historias de hombres de Dios mucho más disfuncionales que la mía. Sus testimonios tenían similitudes a muchas de mis tribulaciones que podrían interpretarse claramente con las Escrituras. La crisálida y metamorfosis tuvieron sentido en Juan 3:3:

> *"Respondió Jesús y le dijo: De cierto, de cierto te digo, que el que no naciere de nuevo, no puede ver el reino de Dios".*

Es en verdad un nuevo nacimiento en el Espíritu. Reveló que mi quebranto fue un bendito sufrimiento para arrepentimiento:

> *"Porque la tristeza que es según Dios produce arrepentimiento para salvación, de que no hay que arrepentirse; pero la tristeza del mundo produce muerte" (2C. 7:10).*

Al adquirir una vista panorámica de las Escrituras, demostró también que las religiones, la sabiduría convencional y oradores motivacionales están llenos de necedades. Muchos maestros espirituales sinceros y algunos bien intencionados están pontificando ideas sin sentido, adulterando la verdad y llevándonos al abismo. Exploraremos esto en detalle más adelante. Pero también con la verdad comenzó a emerger en mi vida el verdadero fruto del Espíritu.

> *"Mas el fruto del Espíritu es amor, gozo, paz, paciencia, benignidad, bondad, fe, mansedumbre, templanza; contra tales cosas no hay ley" (Gá. 5:22,23).*

Quizás a esto se refería el viejo Cherokee de la historia de los lobos. Pero ¿por qué sabía que la Biblia es la verdad si después de todo cada religión tiene su libro sagrado? Porque a un escéptico como yo, solo al tocar fondo, Dios me quitó la venda de mis ojos para ver quién era yo en verdad, espiritualmente desnudo y expuesto a la vergüenza por mis faltas. Pude entender también quién es Él y sus atributos. Con sus milagros Él me mostró un edificio y en la Biblia estaban los planos. Ningún otro libro o documento religioso puede enseñarnos cómo construir nuestras vidas. No pueden porque no están en la verdad y lo más importante, porque Él así lo dijo:

> *"Santifícalos en tu verdad; tu palabra es verdad" (Jn. 17:17).*

El verdadero impacto

En esta estación se detuvo el bus en el que estaba montado tratando de buscar en otros autores o personas falibles respuestas en necesidades del espíritu que no conocen. Se detuvo el ímpetu de encontrar el nuevo secreto en la búsqueda de la grandeza y prosperidad que el mundo celebra. Fue el final de pretender y creer que el mundo gira en torno mío. Fue el fin de la historia que me ponía a mi como héroe y le di paso a quien merece toda la gloria. Me di a la tarea de comenzar a aprender más de Dios y su Palabra.

Lo siguiente, no son los diez pasos para alcanzar el éxito ni la clave para ser feliz en el aquí y ahora, sino una invitación para dar el paso de fe y asirte de la rama que puede sacarte del lodo. Instarte a que leas con un corazón dispuesto el Libro que debiste haber leído de primero y examinarlo, para comprobar si lo que digo es cierto: *"escudriñando cada día las Escrituras para ver si estas cosas eran así"* (Hch. 17:11). Exhortarte a que te examines a ti mismo si estás en la fe: *"Examinaos a vosotros mismos si estáis en la fe; probaos a vosotros mismos* (2C. 13:5). Para que entres con convicción por la puerta que lleva a la vida, al camino del verdadero destino y gozo eterno: *"Entrad por la puerta estrecha"* (Mt. 7:13). Para que camines detrás de quien provee verdadero propósito de cómo vivir bien. Pero también de cómo morir bien, en paz, con la esperanza y certeza de alcanzar la meta verdadera. Para que cambies palabras como: realización, por salvación; religión, por relación; evidencia, por fe; requisitos, por gracia; meditación, por oración; razones, por arrepentimiento; posesión, por acción. Finalmente, que también nos motive a tener, mientras vivimos, un verdadero impacto.

La verdad no adulterada

> *"Toda palabra de Dios es limpia; él es escudo a los que en él esperan. No añadas a sus palabras, para que no te reprenda, Y seas hallado mentiroso" (Pr. 30: 5,6).*

Comprendí que la verdad es como agua pura, si le agregamos cualquier otro contenido o sustancia la adultera, la corrompe.

Verter agua en cualquier otra sustancia tampoco la purifica, a menos que esa sustancia sea reemplazada por completo. Los principios en la Biblia, entonces, deben ser interpretados con su propio contenido. No deben ser enseñados por personas aparentemente astutas o sabias que le agreguen su perspectiva engañosa de lo que ellos quieren que la Biblia diga. Estos enseñan a los incautos un bocado más del fruto del árbol del bien y el mal, como lo hizo la serpiente.

> *"Antes bien renunciamos a lo oculto y vergonzoso, no andando con astucia, ni adulterando la palabra de Dios, sino por la manifestación de la verdad recomendándonos a toda conciencia humana delante de Dios" (2C. 4:2).*

Comprendí que, aunque tienen múltiples aplicaciones para nuestra vida y en lo individual, cada versículo tiene una sola interpretación y es la verdad absoluta. A veces nos confrontará y nos hará sentir incómodos, pero la verdad es exacta, indiferente a las sensaciones, pensamientos o sentimientos. Si no estamos en la verdad entonces es cierto que la verdad duele.

> *"Porque la palabra de Dios es viva y eficaz, y más cortante que toda espada de dos filos; y penetra hasta partir el alma y el espíritu, las coyunturas y los tuétanos, y discierne los pensamientos y las intenciones del corazón" (He. 4:12).*

La Biblia, es verdad y autoridad sin contradicciones. Con un mensaje unificado, mas no un documento filosófico rociado de sabiduría para justificar nuestra visión del mundo. Por supuesto, las Escrituras pueden apoyar un punto de vista, pero debe estar en línea con el contexto adecuado, con lo que Dios le quiso decir a su receptor o audiencia primaria, que es la base de la interpretación apropiada. Esta no puede ser adulterada para acomodar nuestra verdad.

Si creemos que la Biblia es inspirada por Dios, como nos dice 2 Timoteo 3:16: *"Toda la Escritura es inspirada por Dios",* no puede ser creída parcialmente, debemos creer en ella por completo, pues Dios no miente: *"Dios no es hombre, para que mienta, ni hijo de hombre para que se arrepienta"* (Núm. 23:19). No podemos seguir una creencia basada en Cristo y descartar su propia descripción y autoridad. No podemos creer que Jesús es el Hijo de Dios y no creer en su resurrección. No podemos creer que Dios creó los cielos y la tierra y no creer en sus milagros, el arca de Noé, o Jonás. No podemos creer que la Biblia es la Palabra de Dios y no leerla, creyendo solo lo dispensado por hombres. No podemos afirmar que es Palabra de verdad y simplemente analizarla y hasta memorizarla, mas no someternos a ella como la máxima autoridad:

> *"Escudriñad las Escrituras; porque a vosotros os parece que en ellas tenéis la vida eterna; y ellas son las que dan testimonio de mí; y no queréis venir a mí para que tengáis vida" (Jn. 5:39,40).*

Cada vez que leemos las Escrituras escuchamos a Dios. Son las Escrituras las que dan testimonio de Jesucristo.

Si dudamos en algo, entonces dudamos en todo y hemos creído en vano.

> *"Pero si se predica de Cristo que resucitó de los muertos, ¿cómo dicen algunos entre vosotros que no hay resurrección de muertos?... Porque si los muertos no resucitan, tampoco Cristo resucitó; y si Cristo no resucitó, vuestra fe es vana; aún estáis en vuestros pecados" (1C. 15:12,16,17).*

Razones para creer

Las Escrituras no tratan de la fórmula para adquirir nuestros deseos, no es antropocéntrica. Se trata de Dios, de su revelación, su gloria, su poder, su amor por nosotros y el cumplimiento de esto en Jesucristo: *"No penséis que he venido para abrogar la ley o los profetas; no he venido para abrogar, sino para cumplir"* (Mt. 5:17). Crecemos en comprensión cuando leemos con un corazón contrito, arrepentido y dispuesto a que cada lectura que hagamos nos dirija a una relación personal con Él. Mas no como incrédulos buscando elementos que apoyen la incredulidad.

Por esto no pude interpretar las Escrituras con mis experiencias, sino todo lo contrario. Solo con la revelación de Dios en las Escrituras pude interpretar mi odisea, de cómo me ministró una y otra vez en relación con mis últimas vivencias. Revelación tras revelación no dejaba espacio para negar que Dios me hablaba por medio de su Palabra con textos específicos que ilustraban el resultado del haber dado el paso de fe al aclamar su nombre y seguirle. Solo aconteció cuando puse de lado mi carne y asuntos materiales y busqué respuestas en el mundo espiritual guiado por Él.

> *"Y nosotros no hemos recibido el espíritu del mundo, sino el Espíritu que proviene de Dios, para que sepamos lo que Dios nos ha concedido, lo cual también hablamos, no con palabras enseñadas por sabiduría humana, sino con las que enseña el Espíritu, acomodando lo espiritual a lo espiritual. Pero el hombre natural no percibe las cosas que son del Espíritu de Dios, porque para él son locura, y no las puede entender, porque se han de discernir espiritualmente" (1C. 2:12-14).*

> *"para que la justicia de la ley se cumpliese en nosotros, que no andamos conforme a la carne, sino conforme al Espíritu. Porque los que son de la carne piensan en las cosas de la carne; pero los que son del Espíritu, en las cosas del Espíritu. Porque el ocuparse de la carne es muerte, pero el ocuparse del Espíritu es vida y paz" (Ro. 8:4-6).*

Estaba claro y supe con toda certeza que fue su Espíritu quien me guio y plantó en mi corazón el deseo de renunciar a los espejos brillantes de este mundo. Con su Palabra me confirmaba su deseo de que comenzara a vivir buscando primero el reino de Dios y su justicia mientras estoy de campamento en este mundo material.

La Biblia está llena de recordatorios de no aferrarnos a nada y lógicamente tiene todo sentido. Si en realidad nuestro espíritu es lo eterno ¿de qué vale entonces el desenfreno para adquirir y lograr lo que al final se quedará y con el tiempo se desvanecerá?

Entre más leía la Palabra más me animaba, sabiendo que la fe verdadera está en no ver y aun así tener certeza, pues si vemos, ¿de qué fe estamos hablando?

> *"no mirando nosotros las cosas que se ven, sino las que no se ven; pues las cosas que se ven son temporales, pero las que no se ven son eternas" (2C. 4:18).*

Con fe en Dios seguí su orden y dirección. Él me sacó del lodo de mi adicción y delirio que me habían llevado a lugares desconocidos y desvíos inesperados para encontrarlo a Él.

> *"Por la fe Abraham, siendo llamado, obedeció para salir al lugar que había de recibir como herencia; y salió sin saber a dónde iba" (He. 11:8).*

Aquel que me dio vida y me sanó puede también devolverme el sano juicio.

> *"Y David añadió: El Señor, que me ha librado de las garras del león y de las garras del oso, me librará de la mano de este filisteo." (1S. 17:37).*

Yo estaba totalmente perdido en mis pecados, sin sentido, ni ganas para seguir viviendo y Él me salvó. *"Porque el Hijo del Hombre vino a buscar y a salvar lo que se había perdido"* (Lc. 19:10). Aunque yo era un amante de mis adicciones en secreto y no quería salir ni ser expuesto.

> *"Y esta es la condenación: que la luz vino al mundo, y los hombres amaron más las tinieblas que la luz, porque sus obras eran malas" (Jn. 3:19).*

Estaba consciente de mi rendición total en la crisálida, donde fui cuidado y rescatado durante situaciones muy difíciles y dolorosas que estaban por venir.

> *"Aunque ande en valle de sombra de muerte, No temeré mal alguno, porque tú estarás conmigo; Tu vara y tu cayado me infundirán aliento" (Sal. 23:4).*

El deseo de desprenderme de un próximo éxito profesional, hacer la voluntad de Dios y seguirle comenzaron a aflorar en mí.

> *"Entonces Jesús dijo a sus discípulos: Si alguno quiere venir en pos de mí, niéguese a sí mismo, y tome su cruz, y sígame. Porque todo el que quiera salvar su vida, la perderá; y todo el que pierda su vida por causa de mí, la hallará" (Mt. 16:24,25).*

Finalmente, pude llenar el vacío en mi alma y encontrar la fuente inagotable de gozo.

> *"Respondió Jesús y le dijo: Cualquiera que bebiere de esta agua, volverá a tener sed; mas el que bebiere del agua que yo le daré, no tendrá sed jamás; sino que el agua que yo le daré será en él una fuente de agua que salte para vida eterna" (Jn. 4:13).*

Por medio de las Escrituras el Espíritu me permitió ver que no estaba solo. Mi recorrido no era extraño a los que buscan la verdad y la encuentran en Jesús.

Él respondió con precisión a lo que mi alma se preguntaba y anhelaba durante el período de miradas largas y de dolor insoportable.

¿Cómo podría pensar que tantas respuestas eran coincidencia? No podía, y entre más leía más comprensión obtenía, pero también mayores eran mi vergüenza y arrepentimiento.

Me preguntaba a menudo decepcionado ¿por qué no leí la Biblia antes? ¿Por qué no escuché a quienes tuvieron valor de ser rechazados por mí al predicarme?

Solo el dolor pudo, solo al tocar fondo en quebranto absoluto fui persuadido.

> *"Ahora me gozo, no porque hayáis sido contristados, sino porque fuisteis contristados para arrepentimiento; porque habéis sido contristados según Dios, para que ninguna pérdida padecieseis por nuestra parte. Porque la tristeza que es según Dios produce arrepentimiento para salvación, de que no hay que arrepentirse; pero la tristeza del mundo produce muerte" (2C. 7:9,10).*

Solo mientras me ahogaba con terror pude extender mi mano y clamar a Jesús para que me salvara como a Pedro en las aguas.

> *"Entonces los que estaban en la barca vinieron y le adoraron, diciendo: Verdaderamente eres Hijo de Dios" (Mt. 14:31).*

> *"Es, pues, la fe la certeza de lo que se espera, la convicción de lo que no se ve" (He. 11:1).*

Concluí una vez y para siempre que las respuestas de preguntas existenciales profundas, el vacío que nada parece llenar está en vivir acorde con nuestro propósito al que fuimos creados. Para conocer nuestro propósito debemos estar conectados, teniendo una relación con nuestro Creador para renovar nuestro entendimiento. Este conocimiento nos hace saber con certeza que estaremos a salvo después de la muerte. Debemos lidiar con esto ahora, no dejarlo al azar. Debemos también comprender que este conocimiento no se encuentra en Google, o en inteligencia artificial, o en la sabiduría convencional, sino en la verdad que viene directamente de Dios y su Palabra.

Primero, comprendí que, desde el punto de vista de la creación, Él nos enseña que no somos producto de un accidente cósmico. Somos creados por un Creador. *"Los cielos cuentan la gloria de Dios, y el firmamento anuncia la obra de sus manos"* (Sal. 19:1).

Desde lo eterno mi incredulidad había muerto, pues al aclamar el nombre del Señor, el Espíritu me llevó de camino a Damasco y comencé a comprender el lenguaje bíblico, el evangelio.

> *"Porque de tal manera amó Dios al mundo, que ha dado a su Hijo unigénito, para que todo aquel que en él cree, no se pierda, mas tenga vida eterna" (Jn. 3:16).*

Comprendí también el propósito de proclamarlo: *"para que abras sus ojos, para que se conviertan de las tinieblas a la luz, y de la potestad de Satanás a Dios; para que reciban, por la fe que es en mí, perdón de pecados y herencia entre los santificados"* (Hc. 26:18).

La verdad está en la Palabra de Dios: *"Santifícalos en tu verdad; tu palabra es verdad"* (Jn. 17:17).

La verdad desde lo intelectual

Siendo descendientes de la cultura occidental, al ser motivados para cuestionarlo todo, es comprensible vivir con un espíritu interrogador, para saber si estamos en lo cierto. Con una postura de libertad social se ha dado a entender la madurez del individuo, que radica en la independencia de cada uno. Ser responsables de nuestros actos hacen de muchos de nosotros no tan adeptos a ser indoctrinados. Esta es quizás una de las causas de escepticismos hacia una verdad absoluta. Pero con esta misma premisa, de ser responsables de nuestros actos, no podemos entonces distanciarnos del manual de instrucción que nos proporciona la guía para la vida practica y para encontrar salvación. Debemos entonces nutrirnos de ella, leerla y estudiarla con frecuencia para obtener la verdadera sabiduría y estar preparados para toda buena obra. (2 Tim. 3:16,17). Pero, no es tan fácil, pues desde lo intelectual no siempre se encuentra revelación. Hay muchos eruditos y religiosos letrados, que han memorizado las Escrituras y aun así no la hallan, ¿por qué? Porque no están dispuestos a ser transformados por el Espíritu y dejar el viejo hombre para someterse al poder transformador del evangelio.

Fueron precisamente religiosos letrados, quienes, aun al estudiar las Escrituras, no reconocieron a su Mesías.

Le negaron y lo mataron. Solo el Espíritu revela, entonces debemos reconciliar lo intelectual a lo espiritual, estar dispuestos a dar el paso de fe hacia el Dios verdadero y experimentar un nuevo nacimiento en el Espíritu.

> *"Respondió Jesús y le dijo: De cierto, de cierto te digo, que el que no naciere de nuevo, no puede ver el reino de Dios" (Jn. 3:3).*

> *"Pero Dios nos las reveló a nosotros por el Espíritu; porque el Espíritu todo lo escudriña, aun lo profundo de Dios" (1C. 2:10).*

Al escuchar a sabios o intelectuales debatir acerca del origen del universo, los argumentos no son cortos, en especial de quienes se denominan ateos. Pero en Las Escrituras leemos que no tienen excusa: *"Porque las cosas invisibles de él, su eterno poder y deidad, se hacen claramente visibles desde la creación del mundo, siendo entendidas por medio de las cosas hechas, de modo que no tienen excusa"* (Ro. 1:20). La raíz etimológica de la palabra demonio significa genio, o inteligencia. De acuerdo con la Biblia estos genios creen y tiemblan: *"Tú crees que Dios es uno; bien haces. También los demonios creen, y tiemblan"* (Santiago 2:19). Esto quiere decir que ningún demonio es ateo, solo los mortales que son atraídos y cautivos del pecado podrían afirmar que Dios no existe.

> *"Dice el necio en su corazón: No hay Dios. Se han corrompido, hacen obras abominables; no hay quien haga el bien" (Sal. 14:1).*

> *"En los cuales el dios de este siglo cegó el entendimiento de los incrédulos, para que no les resplandezca la luz del evangelio de la gloria de Cristo, el cual es la imagen de Dios" (2C. 4:4).*

Por lo tanto, a quien se autoproclama intelectual pero rechaza o resiste a Dios, es necesario recordarles lo que dice Pablo acerca del sabio de este mundo:

> *"Porque la palabra de la cruz es locura a los que se pierden; pero a los que se salvan, esto es, a nosotros, es poder de Dios. Pues está escrito: Destruiré la sabiduría de los sabios, Y desecharé el entendimiento de los entendidos. ¿Dónde está el sabio? ¿Dónde está el escriba? ¿Dónde está el disputador de este siglo? ¿No ha enloquecido Dios la sabiduría del mundo? Pues ya que en la sabiduría de Dios, el mundo no conoció a Dios mediante la sabiduría, agradó a Dios salvar a los creyentes por la locura de la predicación. Porque los judíos piden señales, y los griegos buscan sabiduría; pero nosotros predicamos a Cristo crucificado, para los judíos ciertamente tropezadero, y para los gentiles locura" (1C. 1:18-23).*

> *"Nadie se engañe a sí mismo; si alguno entre vosotros se cree sabio en este siglo, hágase ignorante, para que llegue a ser sabio. Porque la sabiduría de este mundo es insensatez para con Dios; pues escrito está: Él prende a los sabios en la astucia de ellos. Y otra vez: El Señor conoce los pensamientos de los sabios, que son vanos. Así que, ninguno se gloríe en los hombres; porque todo es vuestro" (1C. 3:18-21).*

Inteligencia espiritual

Similarmente, al escuchar eruditos religiosos acerca de la Palabra de Dios, pero no se someten al evangelio por añadir doctrinas de hombres, es claro que es puramente un asunto de la condición del corazón. Por ejemplo, a los judíos se les fue confiada la Palabra de Dios, ¿cómo es posible que no hayan reconocido a Jesucristo? No lo hicieron porque estaban cubiertos de capas de tradiciones de hombres y no estaban dispuestos a dejarlo, por un mensaje nuevo de salvación por gracia, por medio de la fe. Esto fue a lo que Jesús hizo alusión en Mateo 9:16:

> *"Nadie pone remiendo de paño nuevo en vestido viejo; porque tal remiendo tira del vestido, y se hace peor la rotura". Y Marcos narra: "Le preguntaron, pues, los fariseos y los escribas: ¿Por qué tus discípulos no andan conforme a la tradición de los ancianos, sino que comen pan con manos inmundas? Respondiendo él, les dijo: Hipócritas, bien profetizó de vosotros Isaías, como está escrito: Este pueblo de labios me honra, Mas su corazón está lejos de mí. Pues en vano me honran, Enseñando como doctrinas mandamientos de hombres (Mr. 7:5-7).*

Si de inteligencia se trata, cada persona debe cultivar su inteligencia espiritual, que comienza con entender que solo lo espiritual es eterno. Esto ocurre cuando escuchamos en nuestra conciencia el código que está escrito en nuestros corazones de que Dios existe, de que somos pecadores con necesidad de un salvador. Ocurre cuando aclamamos su nombre y queremos tener una relación con nuestro Creador. Cuando lo hacemos aquí, en esta vida, no esperando que otros nos salven al orar por nuestra alma una vez muertos. De leer su Palabra con un corazón contrito, dispuesto a creer en su inspiración divina y rechazar todo lo que se oponga a ella. En oración, pedir revelación por medio del Espíritu para crecer en conocimiento y fe en Jesucristo.

> *"Por lo cual también nosotros, desde el día que lo oímos, no cesamos de orar por vosotros, y de pedir que seáis llenos del conocimiento de su voluntad en toda sabiduría e inteligencia espiritual" (Col. 1:9).*

¿QUIÉN LA INTERPRETARÁ?

Para mí todo esto crecía en importancia porque intelectualmente creí toda una vida que es suficiente con saber que somos buenas personas, que Dios juzgaría nuestro comportamiento al lograr un puntaje aceptable en la balanza de las obras. Creía pasaríamos la prueba de la vida sin necesidad de leer tanto la Biblia. Importante además, habiendo nacido en la iglesia católica al haber escuchado que solo personas calificadas pueden entenderla, interpretarla y administrarla a los demás. Por ejemplo, el catecismo de la iglesia católica en el Nº100 dice: *El oficio de interpretar auténticamente la Palabra de Dios ha sido confiado únicamente al Magisterio de la Iglesia, al Papa y a los obispos en comunión con él.*

En realidad, al leerla aprendí que Dios inspiró su Palabra para que toda criatura se nutra de ella, como dice Mateo 4:4: Para que sirviera de guía como lámpara para nuestros pies, como leemos en Salmos 119:105. No fue escrita, guardada y cuidada de toda persecución destinada para un grupo específico, una elite que la filtre primero para luego ser administrada.

¿Qué sentido tiene que cada creyente posea una Biblia sin atreverse a leerla? Aprendí que la Biblia no es una reliquia. Tampoco es un largo acertijo, ni la combinación de una caja fuerte que alguien tendría que descifrar.

Solo al abrirla y leerla todo comenzó a tener sentido. La Biblia comenzó a quitarme la venda de los ojos. A simple vista es claro que Dios demanda que la leamos, que nos nutramos de ella, mas no que deleguemos el proceso:

> *"Bienaventurado el que lee, y los que oyen las palabras de esta profecía, y guardan las cosas en ella escritas; porque el tiempo está cerca" (Ap. 1:3).*
>
> *"Escudriñad las Escrituras; porque a vosotros os parece que en ellas tenéis la vida eterna; y ellas son las que dan testimonio de mí" (Jn. 5:39).*
>
> *"Entonces respondiendo Jesús, les dijo: Erráis, ignorando las Escrituras y el poder de Dios" (Mt. 22:29).*
>
> *"Recita siempre el libro de la ley y medita en él de día y de noche; cumple con cuidado todo lo que en él está escrito. Así prosperarás y tendrás éxito" (Jo. 1:8, NVI).*
>
> *"Lámpara es a mis pies tu palabra, y lumbrera a mi camino". (Salmos 119:105)*
>
> *"Cuando se presentaban tus palabras, yo las comía; tus palabras eran para mí el gozo y la alegría de mi corazón, porque se me llamaba por tu nombre, oh Señor, Dios de los ejércitos." (Jer. 15:16)*
>
> *"Él respondió y dijo: Escrito está: No solo de pan vivirá el hombre, sino de toda palabra que sale de la boca de Dios" (Mt. 4:4).*
>
> *"De hecho, todo lo que se escribió en el pasado se escribió para enseñarnos, a fin de*

que, alentados por las escrituras, perseveremos en mantener nuestra esperanza". (Ro. 15:4, NVI).

"Toda la Escritura es inspirada por Dios, y útil para enseñar, para redargüir, para corregir, para instruir en justicia, a fin de que el hombre de Dios sea perfecto, enteramente preparado para toda buena obra" (2Ti. 3:16,17).

Pablo escribe: *"Considera lo que digo, y el Señor te dé entendimiento en todo"* (2Ti. 2:7).

Recibí comprensión con lo que leía. Dios nos instruye al leer su Palabra, estudiarla, nutrirnos de ella, meditar en ella de día y de noche. Es claro entonces que ninguna creencia o líder religioso que intente monopolizar y limitar el acceso a las Escrituras posee el Espíritu de verdad. ¡Es para todos!

No entendí por qué en la iglesia en que crecí nunca se exhortó la lectura de ella, después de todo exigían muchas otras cosas como requisitos para salvación, o por lo menos invitar a leerla como ejercicio de fe.

Después de mi incesable búsqueda de la verdad, es indescriptible el gozo de saber que había llegado a la fuente de ella. Había encontrado el tesoro que de joven anhelaba, que nada tiene que ver con riquezas materiales ni logros personales, sino la verdadera bendición de recibir con humildad la Palabra implantada que puede salvar nuestras almas. (Stg. 1:21). La infalible e inerrante Palabra de Dios.

Infalible e inerrante

Existen razones tangibles que pueden ofrecer validez a personas escépticas para confiar en la Palabra de Dios. A través de la historia muchos escolares y eruditos han rendido grandes tesis de la infalibilidad de la Biblia en mensaje, ciencia, arqueología, historia, supervivencia y profecía. Aunque sean fuentes fidedignas, la Biblia, la Palabra viva de Dios, es el libro en que podemos confiar, no solo por esta u otras razones, mas la razón principal es porque su Palabra lo dice. Es decir, partiendo de que Dios es infalible y si su Palabra es inspirada por Él, es entonces inerrante en todo sentido.

> *"...es imposible que Dios mienta..." (Heb 6:18).*

> *"...la Escritura no puede ser quebrantada..." (Jn. 10:35).*

> *"Dios no es hombre, para que mienta, Ni hijo de hombre para que se arrepienta" (Núm. 23:19).*

Si decimos que en Dios creemos, entonces nuestra actitud para con su Palabra es lo que está en juicio. Entonces ¿por qué nos resistirnos a leerla?

> *"Porque el deseo de la carne es contra el Espíritu, y el del Espíritu es contra la carne; y estos se oponen entre sí, para que no hagáis lo que quisiereis" (Gá. 5:17)*

Mensaje

Su mensaje conocido como la singularidad del evangelio fue recopilada de 40 escritores en 3 continentes, por más de 1600 años. Ellos coincidieron por convicción en el carácter de Dios y su soberanía, en un tema unificador y su plan de redención. Aunque fue escrita por personas, lo fue bajo la supervisión divina, totalmente inspirada por Dios.

> *"Toda Escritura es inspirada por Dios" (2Ti. 3:16).*

> *"Así que la fe es por el oír, y el oír, por la palabra de Dios" (Ro. 10:17).*

> *"El Espíritu del Señor habló por mí, y su palabra estuvo en mi lengua" (2S. 23:2).*

Los apóstoles y profetas creyeron que es Palabra de Dios: *"Por lo cual también nosotros sin cesar damos gracias a Dios, de que cuando recibisteis la palabra de Dios que oísteis de nosotros, la recibisteis no como palabra de hombres, sino según es en verdad, la palabra de Dios, la cual actúa en vosotros los creyentes"* (1Te. 2:13).

> *"...recibid con mansedumbre la palabra implantada, la cual puede salvar vuestras almas" (Stg. 1:21).*

> *"Santifícalos en tu verdad; tu palaba es verdad" (Jn. 17:17).*

> *"...has engrandecido tu nombre, y tu palabra sobre todas las cosas" (Sal. 138:2).*

Supervivencia

Por más persecución e intentos en toda la historia de destruir la Biblia, la proclamación de su palabra se expande aún más. Ni ante la persecución sistemática del máximo pontífice Emperador Diocleciano, la Biblia pudo desaparecer. A partir de la creación de la imprenta el intento de destruirla fue cosa del pasado.

> *"No penséis que he venido para abrogar la ley o los profetas; no he venido para abrogar,*

sino para cumplir. Porque de cierto os digo que hasta que pasen el cielo y la tierra, ni una jota ni una tilde pasará de la ley, hasta que todo se haya cumplido" (Mt. 5:17,18).

"El cielo y la tierra pasarán, pero mis palabras no pasarán" (Mt. 24:35).

Científicamente precisa

La Biblia no es un libro científico, pero cada vez que la Biblia menciona cuestiones científicas son totalmente precisas. Son más de 40 hechos revelados y corroborados por la ciencia moderna, ninguno mencionado ha sido descalificado. Empezando con los estudios de Albert Einstein a comienzos del siglo XX y continuando hasta hoy, la ciencia ha confirmado el enfoque bíblico de que el universo tuvo un principio. *"En el principio creó Dios los cielos y la tierra"* (Gé. 1:1).

Antes de cualquier otro registro histórico la Biblia declaró hace más de 2500 años que la tierra era redonda. Isaías 40:22 declara: *"Él está sentado sobre el círculo de la tierra, cuyos moradores son como langostas; él extiende los cielos como una cortina, los despliega como una tienda para morar".*

La primera ley de la termodinámica indica que la cantidad total de materia y energía son constantes. Una puede ser convertida a otra, pero el total de la cantidad siempre permanece igual. *"Fueron, pues, acabados los cielos y la tierra, y todo el ejército de ellos. Y acabó Dios en el día séptimo la obra que hizo; y reposó el día séptimo de toda la obra que hizo"* (Gé. 2:1,2)

En estudios recientes de geología como la Isostasia, se define como el balance entre los distintos bloques de la corteza terrestre, según RAE, descrita en Isaías 40:12: *"¿Quién midió las aguas con el hueco de su mano y los cielos con su palmo, con tres dedos juntó el polvo de la tierra, y pesó los montes con balanza y con pesas los collados?"*

Es fascinante poder confiar en las Escrituras desde este punto de vista. A la misma vez que estos hechos matan la sed de quien hoy busque pruebas científicas de la veracidad de la Palabra al no encontrar ni un solo error. Muchos que en su incredulidad y búsqueda de refutar las Escrituras han encontrado salvación.

Arqueológica e históricamente confiable

No podemos separar la arqueología de la historia. El estudio de los escolares más respetados ha coincidido con las Escrituras y las series de hallazgos arqueológicos no son cortos. Pero uno de los ejemplos más influyentes fue en el siglo XIX por William Ramsay, un escéptico inglés, que quiso desmentir la veracidad histórica de las Escrituras. Él decidió tomar el libro de Hechos para comprobar que los lugares descritos con nombres actualmente desconocidos eran en realidad inexistentes y comenzó una excavación en Asia menor, actual Turquía. Fue en el orden específico en que Pablo describió sus viajes. Lo que halló revolucionó el mundo de la arqueología, no solo al encontrar las ciudades, sino también las palabras usadas para describir los puestos públicos. Todo estaba debajo de las ruinas amontonadas por muchos siglos, tal y como lo describe Lucas en el libro de Hechos. No hace falta mencionar que Ramsey se convirtió a creyente por la infalibilidad de las Escrituras. Nunca ha sido hallado un solo error histórico en la Biblia ni se hallará.

Profecía

Pero lo más contundente de todas las evidencias es la firma de Dios en las Escrituras: ¡la profecía! Aproximadamente una cuarta parte de la Biblia está compuesta de mensaje profético. Ningún otro libro considerado sagrado como el Corán, el libro de Mormón, escritos de Buda y vedas hindús se atrevieron a presentar esta verificación irrefutable encontradas solo en las Escrituras Judeocristianas, la Biblia.

La Biblia tiene un total de 31,103 versículos. De todos los versículos de la Biblia 8,352 versículos son proféticos o hablan de eventos futuros. Todas las predicciones bíblicas sobre el futuro en estos miles de versículos se pueden agrupar en 737 predicciones diferentes. De estas, 522 predicciones ya han sucedido al pie de la letra, como la Palabra de Dios dijo que sucederían.

¿Habrá profecías relevantes a nuestros tiempos?

De joven visualizaba un futuro con menos enfermedades, con paz mundial, con una evolución social para convivir mejor y que todo seguiría mejorando, pero hace dos mil años ya estaba escrito que sería todo lo contrario.

"Porque se levantará nación contra nación, y reino contra reino; y habrá pestes, y hambres, y terremotos en diferentes lugares. Y todo esto será principio de dolores...Así también vosotros, cuando veáis todas estas cosas, conoced que está cerca, a las puertas. De cierto os digo, que no pasará esta generación hasta que todo esto

acontezca. El cielo y la tierra pasarán, pero mis palabras no pasarán" (Mt. 24:7,8; 33,34).

Vemos el cumplimento en las noticias actuales con guerras entre Rusia y Ucrania e Israel y Palestina. Estamos superando la pandemia de COVID 19 que a su vez desencadenó problemas de suministros y escases de alimentos. Sin contar tanos desastres naturales, los peores terremotos en récord de la historia humana solo en las últimas décadas. Esto hace innegable la veracidad de esta profecía.

"También debes saber esto: que en los postreros días vendrán tiempos peligrosos. Porque habrá hombres amadores de sí mismos, avaros, vanagloriosos, soberbios, blasfemos, desobedientes a los padres, ingratos, impíos, sin afecto natural, implacables, calumniadores, intemperantes, crueles, aborrecedores de lo bueno, traidores, impetuosos, infatuados, amadores de los deleites más que de Dios, que tendrán apariencia de piedad, pero negarán la eficacia de ella; a estos evita" (2Ti. 3:1-5).

Este último texto impresionó de gran manera a mi hija Natalie, que a sus 16 años me escuchó leerlo y exclamó preguntando: *¿la Biblia realmente dice eso? ¡Wow! ¡Describe esta generación!* Comparto su asombro.

"Dichoso el que lee y dichosos los que escuchan las palabras de este mensaje profético y hacen caso de lo que aquí está escrito, porque el tiempo de su cumplimiento está cerca" (Ap. 1:3, NVI).

Si la profecía aún no es convincente, realmente la única razón suficiente para creer en las Escrituras es que Jesús mismo creía totalmente en ellas. Él las citó y autorizó, desde el Edén hasta los profetas, el diluvio y Jonás. Las recitaba para ilustración e instrucción y se sometía a su autoridad. Así también los apóstoles, quienes dieron la vida de la manera más dolorosa, sacrificando todo por el Evangelio y para hacer discípulos de todas las naciones.

Para muchos creyentes las razones para creer no es el problema, sino someterse y soportar las consecuencias de creer. Por esto la Biblia es inconveniente para quienes aman los placeres del mundo que se desvanecerán en su lecho de muerte.

¿Quién daría su vida por una mentira? Nadie. Solo quienes están convencidos que esa mentira es la verdad, como los mártires de idealismos erróneos del mundo a los cuales se someten. Pero quienes fabrican una historia y saben en su corazón que es mentira, no darían su vida por ella.

Los apóstoles presenciaron la verdad, vivieron, recibieron la verdad hasta soportarlo todo. Hoy disponemos de esa verdad gracias a ellos, y en ella tenemos el fundamento de todo. Como Mike Gendron resume: *La Palabra de Dios no tiene igual cuando se trata de autoridad. Es pura, perfecta, inerrante, infalible, viva, segura, verdadera, ligera, santa, eterna, establecida para siempre en el cielo, y existirá incluso si el cielo y la tierra pasan. Ilumina, limpia, salva, libera, guía, convierte, cura, acelera, juzga y santifica. También trae convicción, da conocimiento, da sabiduría, produce fe, refuta el error, busca en el corazón, te equipa para toda buena obra y se usa como arma.*

Partiendo de esta verdad no adulterada de la Palabra de Dios entonces, todo lo que contiene debe ser nuestra guía y creencia absoluta al entender su simplicidad. También creer por fe aquellos pasajes que, para nuestra mente llena de poluciones, no parecen tener sentido, que es tropezadero para algunos, más para lo que creen, es poder de Dios.

> *"Así que, hermanos, cuando fui a vosotros para anunciaros el testimonio de Dios, no fui con excelencia de palabras o de sabiduría. Pues me propuse no saber entre vosotros cosa alguna sino a Jesucristo, y a este crucificado. Y estuve entre vosotros con debilidad, y mucho temor y temblor; y ni mi palabra ni mi predicación fue con palabras persuasivas de humana sabiduría, sino con demostración del Espíritu y de poder, para que vuestra fe no esté fundada en la sabiduría de los hombres, sino en el poder de Dios" (1C. 2:1-5).*

Si en verdad buscamos conocer al Dios verdadero, ningún libro académico, tan completo como parezca, puede estar por delante de su Palabra, la Biblia. Entonces como Palabra de Dios, debe constituir la única autoridad que separe la mentira de la verdad. Toda tradición de hombres, todo libro de instrucción religiosa debe ser subordinado a la poderosa e infalible Palabra de Dios, no lo contrario. La pregunta es, si en verdad es tan importante, ¿crees que sería buena idea ignorar la Palabra implantada para salvación? ¡De ninguna manera!

Capítulo 7

La verdad de la salvación

El peso más grande que puede tener una persona es creer que todas las cosas hay que ganárselas y si de salvación se trata ¿cuánto nos costaría? Las religiones poseen su larga lista de requisitos y obras para lógralo, con la inquietud siempre latente de no estar seguros si es suficiente, si alcanzará para ser salvos.

Comprendí que la salvación es la inquietud silenciosa que nos lleva a pensar que hay algo más allá de esta vida. El vacío que cada persona busca llenar en lo más profundo es lo que permanece después de tenerlo todo. El que lamenta errores cometidos, el que sufre por el dolor de la separación, el adicto, el deprimido, el enfermo, el cansado, ansioso, estresado, el caído, el pecador. Como Pascal dijo: *En el corazón de todo hombre existe un vacío que tiene la forma de Dios.*

¿Te has preguntado si en verdad eres salvo? Si la respuesta es sí, ¿cómo estás tan seguro? Y si no lo estás, no estás solo. La mayoría de las personas no lo están, en especial al no reflexionar acerca de la muerte, o lo eterno, o de necesitar salvación. No es conveniente preocuparse por lo que no se puede explicar fácilmente, y ¿quién puede estar seguro de su salvación? Yo ciertamente no lo estaba, pero al ser preguntado, respondía que era lo más probable por ser buena persona y por no desearle ni hacerle mal a nadie. Hasta que al leer las Escrituras me di cuenta de mi delirio, del engaño, no por personas, sino por el sistema que ofrece un plan de salvación errado. Nunca me di a la tarea a leer el contrato, estaba siendo estafado junto con los míos. Estafados en el asunto más importante de nuestra existencia, lo espiritual y eterno, la vida después de la muerte. Mike Gendron dijo: *Podemos estar equivocados en muchas cosas, pero no podemos correr el riesgo de confiar en un plan de salvación errado.*

Las malas noticias

Al no reflexionar o contemplar que vamos a morir, tampoco podremos entender qué implica las buenas nuevas de salvación. No podremos recibir esas buenas noticias, sin antes conocer las malas. No podemos entender que nos salvaremos y no saber ¡de qué!

La mala noticia es que todos nacemos con la herencia del pecado. Romanos 5:12 nos dice:

> *"Por tanto, como el pecado entró en el mundo por un hombre, y por el pecado la muerte, así la muerte pasó a todos los hombres, por cuanto todos pecaron".*

Estamos totalmente destituidos de la gloria de Dios. Como pecadores, la paga del pecado es la muerte:

> *"Porque la paga del pecado es muerte, mas la dádiva de Dios es vida eterna en Cristo Jesús Señor nuestro" (Ro. 6:23).*

> *"Por cuanto todos pecaron, y están destituidos de la gloria de Dios" (Ro. 3:23).*

Seguiremos destituidos toda nuestra vida y después de la muerte, estando bajo la ira de Dios, a menos que decidamos mientras vivimos, reconciliarnos con Él y evitar el camino que lleva a la perdición. No importa si tratamos de pavimentar ese camino con buenas intenciones, al cubrir y aparentar con civismo ante los demás, al actuar apropiadamente sin hacerle daño a nadie y con actos bondadosos repentinos, o cumpliendo con requisitos dogmáticos de religiones y de la ley constitucional, sin nunca percatarnos que vamos a rendir cuentas por la ley moral, los mandamientos de Dios. Estos mandamientos que quebramos todos los días, los que la gente no ve, los que cometemos a puerta cerrada con nuestras mentes torcidas y satisfacer los deseos de la carne. Los que comentemos con nuestra boca al mentir y con el corazón, por el rechazo al Dios verdadero, desconociendo sus atributos y su Palabra. Por idolatrar al dios que creamos en nuestra mente limitada y conformista, a nuestra propia medida. Sin nunca darnos a la tarea de examinar si estamos en la verdad y conocer realmente el plan de salvación.

> *"Examinaos a vosotros mismos si estáis en la fe; probaos a vosotros mismos. ¿O no os conocéis a vosotros mismos, que Jesucristo está en vosotros, a menos que estéis reprobados?" (2C. 13:5).*

Debemos entonces lidiar con los asuntos del espíritu en esta vida, no dejarlos al azar después de la muerte, pues es por lo que hacemos en esta vida que rendiremos cuentas.

Por la violación a la ley moral implantada en nuestros corazones, por pecados que no podemos pagar con obras, porque esas obras son como inmundicia para encontrar el favor de Dios. Es como pretender pagar por una traición con un beso en la mejilla. Es un trapo inmundo.

> *"Si bien todos nosotros somos como suciedad, y todas nuestras justicias como trapo de inmundicia; y caímos todos nosotros como la hoja, y nuestras maldades nos llevaron como viento" (Is. 64:6).*

En nuestra realidad vivimos en una sociedad que, aunque anhela el éxito, no espera perfección. Y la vara de medida es establecida con lo mínimamente aceptable, la ley del menor esfuerzo para pasar las pruebas. De joven en la escuela, un promedio de 6.0 me alcanzaba para pasar al siguiente año, en algunos deportes es sobresaliente acertar en 3 de cada 10 intentos. Se nos evalúa basado en la balanza entre aciertos y errores pensando que Dios dejará pasar un 10% o un 40% de nuestros pecados por ser un Dios amoroso y misericordioso, y nos libraría del juicio.

Ciertamente Dios es amor y misericordia, pero también Él es un Dios justo, su Palabra es clara y dice que con un solo pecado ya es suficiente para ser destituidos y el juicio es inminente.

> *"Porque cualquiera que guardare toda la ley, pero ofendiere en un punto, se hace culpable de todos" (Stg. 2:10).*

> *"Y de la manera que está establecido para los hombres que mueran una sola vez, y después de esto el juicio" (He. 9:27).*

Debemos preguntarnos entonces ¿he mentido alguna vez? ¿Alguna vez he hurtado algo? ¿He cometido adulterio? ¿Usado su santo nombre en vano? ¿he tenido ídolos como las riquezas?

Si tu repuesta es sí a por lo menos una de estas preguntas rendirás cuentas. De hecho, todos lo haremos, todos hemos violado su ley, sus mandamientos. Por esto no podemos ganar salvación con logros o siendo buena gente, pues no hay una persona buena, ni uno solo. Ni el cura, ni el pastor, ni el presidente. *"...No hay justo, ni aun uno..."* (Ro. 3:10). *"¿Por qué me llamas bueno? Ninguno hay bueno, sino sólo uno, Dios"* (Mr. 10:18).

Alguien dijo: *La gente buena va al infierno, más solo los salvos entran al cielo*. Dios, el juez justo, no puede ser burlado. No importa que tan duro tratemos de impresionar a Dios, no nos alcanzará para llegar a su medida de justicia, que no está en graduarnos de buena gente, o qué tan astutos creemos que somos. El juicio y veredicto será una eternidad separada de la presencia de Dios por nuestra rebeldía y por falta de conocimiento.

> *"No os engañéis; Dios no puede ser burlado: pues todo lo que el hombre sembrare, eso también segará. Porque el que siembra para su carne, de la carne segará corrupción; mas el que siembra para el Espíritu, del Espíritu segará vida eterna" (Gal. 6:7,8).*
>
> *"Mi pueblo fue destruido, porque le faltó conocimiento. Por cuanto desechaste el conocimiento, yo te echaré del sacerdocio; y porque olvidaste la ley de tu Dios, también yo me olvidaré de tus hijos" (Os. 4:6).*

El conocimiento de vida eterna viene de la Palabra de Dios, donde claramente nos enseña que la salvación por mérito propio es también engaño propio.

Es una estafa desconectada de la verdad, una estafa hacia la puerta que lleva a la perdición, para un día escuchar las peores y más aterradoras palabras que alguien puede escuchar: *"Nunca os conocí; apartaos de mí, hacedores de maldad"* (Mt. 7:23).

El actuar apropiadamente ante los demás y hacer grandes obras y hazañas en el nombre de Dios, no por eso seremos salvos. Entender esto es vital, pues ni tú ni yo somos buenos a los ojos de Dios, porque en realidad no lo somos. Y si por nuestra cuenta pudiéramos lograr salvación, ¿entonces para qué murió Cristo?

Las malas noticias acerca del infierno

Las malas noticias también radican en el poco conocimiento de lo que significa la perdición eterna. La mayoría de nosotros en algún momento hemos creado una definición del infierno con gran imaginación, pero la Biblia revela que es peor de los que nos podemos imaginar. Algunos dicen: *si voy al cielo encontraré amigos, si voy al infierno también, entonces lo mismo da.* Esta visión simplista de la vida eterna hace que muchos crean que las consecuencias serían virtualmente inexistentes, pero si en realidad creemos en un Dios y en su Palabra, entonces debemos creer lo que Jesús dijo acerca del infierno.

Jesús en su ministerio habló más del infierno que del cielo. Habló más sobre el horror y castigo que sufrirán los perdidos que acerca del gozo de los creyentes. Los describe como un lugar de agonía, de tormento, de dolor grotesco (Ap. 20:10). Habrá lloro y crujir de dientes (Mt. 13:40-42). No hay vista, pues la oscuridad es absoluta. No habrá reunión de amigos, es una soledad perpetua y alejados de la presencia de Dios (Mt. 25:41). No habrá nada que tocar, pues es un abismo, suspendidos en total vacío (Dn. 12:2). No hay alivio, pues es un fuego perpetuo, un sufrimiento totalmente insoportable sin descanso ni de día ni de noche (Mr. 9:43-48). Es totalmente aterrador y por esto, es más conveniente hablar del cielo que del infierno. Pero no olvidemos que Jesús hizo todo lo contrario.

Más malas noticias. Jesús tampoco habló de un tercer lugar de consolación o de purificación. Solo se refirió a dos puertas, la ancha y la angosta. Dos caminos, el ancho y el estrecho. Dos destinos, destrucción o vida. Dos finales inevitables, el fuego del infierno, o el reino de los cielos.

En los evangelios Jesús nos previene de ese grotesco final y nos invita a hacer lo necesario para evitarlo. Que no sea tarde para darnos cuenta, como le sucedió al hombre rico de Lucas 16:24, pues creyó solo al verse al otro lado del abismo. Pero fue muy tarde y su tormento es para siempre. Pidió misericordia, pues estaba atormentado en el fuego y rogó que se les dijera a los suyos para no terminar igual. Lamentablemente es el mismo destino que tendremos si no encontramos entendimiento.

El hombre rico entonces dijo a Abraham:

> *"Te ruego, pues, padre, que le envíes a la casa de mi padre, porque tengo cinco hermanos, para que les testifique, a fin de que no vengan ellos también a este lugar de tormento Y Abraham le dijo: A Moisés y a los profetas tienen; óiganlos.*

Él entonces dijo: No, padre Abraham; pero si alguno fuere a ellos de entre los muertos, se arrepentirán. Mas Abraham le dijo: Si no oyen a Moisés y a los profetas, tampoco se persuadirán, aunque alguno se levantare de los muertos" (Lc. 16:27-31).

Quizás ignoramos esta doctrina porque en realidad es más conveniente hablar del amor de Dios y su misericordia. Pero al omitir su atributo de justicia, nos separamos del principio de verdadera sabiduría:

"El temor del Señor es el principio de la sabiduría; los necios desprecian la sabiduría y la instrucción" (Pr. 1:7). Dios es Creador de todas las cosas y es quien da vida y la quita: "El Señor da muerte y da vida; hace bajar al Seol y hace subir" (1S. 2:6).

"Y no temáis a los que matan el cuerpo, mas el alma no pueden matar; temed más bien a aquel que puede destruir el alma y el cuerpo en el infierno" (Mt. 10:28).

"Muchos me dirán en aquel día: Señor, Señor, ¿no profetizamos en tu nombre, y en tu nombre echamos fuera demonios, y en tu nombre hicimos muchos milagros? Y entonces les declararé: Nunca os conocí; apartaos de mí, hacedores de maldad" (Mt. 7:22,23).

"Esforzaos a entrar por la puerta angosta; porque os digo que muchos procurarán entrar, y no podrán. Después que el padre de familia se haya levantado y cerrado la puerta, y estando fuera empecéis a llamar a la puerta, diciendo:

> *Señor, Señor, ábrenos, él respondiendo os dirá: No sé de dónde sois" (Lc. 13:24,25).*

La mala noticia es que hemos sido engañados toda la vida por Satanás al creer que todos somos hijos de Dios, que somos buenos y que no pasa nada.

Decimos: *creo que sí soy salvo, y después de muerto veremos, y por si acaso, los que quedan atrás nos salvarán el pellejo con oraciones después de morir.* Nada puede estar más lejos de la verdad. ¿Cómo entonces seremos salvos?

LAS BUENAS NOTICIAS

Pero gracias a ese mismo Dios justo y misericordioso, ¡hay buenas noticias! La verdad de salvación está en el evangelio o *euangelion.* Esta palabra significa precisamente buenas noticias, las buenas noticias de que nuestra salvación es totalmente gratis. Es el regalo de Dios para sus hijos: *"siendo justificados gratuitamente por su gracia, mediante la redención que es en Cristo Jesús"* (Ro. 3:24). Gratis, al entender que no es obra nuestra, ya que por más esfuerzo que hagamos no lograremos méritos para la vida eterna, porque es un regalo de Dios.

> *"Porque por gracia sois salvos por medio de la fe; y esto no de vosotros, pues es don de Dios; no por obras, para que nadie se gloríe" (Ef. 2:8,9).*

También al entender que no todos somos hijos de Dios. Somos hechos sus hijos solo al recibirle y creerle.

> *"Mas a todos los que le recibieron, a los que creen en su nombre, les dio potestad de ser hechos hijos de Dios" (Jn. 1:12).*

Al reconocernos pecadores y culpables con arrepentimiento profundo, al darnos cuenta de quienes somos realmente al ser expuestos a la luz, al darnos vuelta del pecado y creer lo que Jesús hizo por nosotros, entendemos la buena noticia de salvación. No son requisitos que debemos completar, sino que es una condición del corazón, reconociendo que estamos llenos de manchas desde que nacemos, con una deuda acumulada tan grande que no podremos pagar, más al invocar su nombre somos salvos.

> *"Si confesamos nuestros pecados, él es fiel y justo para perdonar nuestros pecados, y limpiarnos de toda maldad" (1Jn. 1:9). "... porque todo aquel que invocare el nombre del Señor, será salvo" (Ro. 10:13).*

Gracias al amor de Dios por nosotros Él nos regaló a su Hijo: *"para que todo aquel que en El cree no se pierda, más tenga vida eterna"* (Jn. 3:16). Jesucristo ha pagado nuestra deuda con una muerte dolorosa, derramando su sangre. Como está escrito: *"sin derramamiento de sangre no se hace remisión"* (He. 9:22). Él cargó de forma sobrenatural los pecados de que somos culpables ante los ojos de Dios que ameritan la muerte, pero Jesús en la cruz tomó nuestro lugar y satisfizo la ira de Dios. Él nos compró con su sangre en el sacrificio de la cruz.

Al recibir a Cristo como Señor y salvador, somos justificados ante el juez, nunca inocentes, sino que el monto total de nuestra deuda ha sido ya pagado por Él y somos librados de la ira de Dios. Su justicia se nos ha sido imputada.

En la cruz Jesús dijo: *"consumado es"* (Jn. 19:30) o *tetelestai,* palabra griega que en términos de negocios y jurídicos indica que una multa o deuda ha sido satisfecha, declarando entonces que Jesús con su sacrificio pagó por mi deuda una vez y para siempre. Para mí es impagable, al intentar hacerlo sería un trapo inmundo. Al comprender esa transacción también comprendí que, con su resurrección, Jesús de hecho está vivo, al creer y recibirle somos salvos. Lo mejor de todo y para el gozo de esta buena noticia es que mientras vivamos podemos tener una relación plena con Él y estar completamente seguros de nuestra salvación:

> *"...que si confesares con tu boca que Jesús es el Señor, y creyeres en tu corazón que Dios le levantó de los muertos, serás salvo. Porque con el corazón se cree para justicia, pero con la boca se confiesa para salvación (Ro. 10:9,10).*

> *"Estas cosas os he escrito a vosotros que creéis en el nombre del Hijo de Dios, para que sepáis que tenéis vida eterna, y para que creáis en el nombre del Hijo de Dios" (1Jn. 5:13).*

Escuché antes que Jesús es el Cordero de Dios que quita el pecado del mundo, pero cuando comprendí que Jesús dio su vida por mí, hizo toda la diferencia. Él recibió la vergüenza a la que yo debía ser expuesto, los latigazos y castigos que me correspondían, que terminarían con mi muerte merecida por toda mi maldad. No podía dejar de recrear en mi mente lo que pudo haber sido su muerte. Ver en su cruz de lo que Jesús me libró, me apartó de una muerte segura y grotesca. Él recibió el castigo por mí, yo cobarde con la cabeza gacha me escondería mientras Él recibía la tortura. Yo siendo culpable me apartaría como un gusano escurridizo para que no me tomaran a mí, no hicieran justica conmigo por mis actos en contra de los demás motivados por el orgullo y un corazón torcido.

> *"Mas Dios muestra su amor para con nosotros, en que siendo aún pecadores, Cristo murió por nosotros (Ro. 5:8).*

Como sugiere el teólogo Michael Horton: El evangelio no es: *mira lo que Jesús hizo, ahora ve y hazlo.* Más bien dice: *mira lo que Jesús hizo por ti, ahora créelo.*[3]

Solo en el evangelio de Juan la palabra *creer* aparece más de noventa veces, es claro entonces que la dádiva de Dios se recibe por la fe, depositando nuestra total confianza en Él y creerle:

> *"El que en él cree, no es condenado; pero el que no cree, ya ha sido condenado, porque no ha creído en el nombre del unigénito Hijo de Dios" (Jn. 3:18).*

> *"...sabiendo que el hombre no es justificado por las obras de la ley, sino por la fe de Jesucristo, nosotros también hemos creído en Jesucristo, para ser justificados por la fe de Cristo y no por las obras de la ley, por cuanto por las obras de la ley nadie será justificado" (Gá. 2:16).*

> *"Concluimos, pues, que el hombre es justificado por fe sin las obras de la ley" (Ro. 3:28).*

¡Con el sacrifico de Jesús en la cruz somos dejados en libertad! ¡Con su sangre bendita somos sellados de justicia y entraremos en su reino!

---

3 *American Gospel: Christ Alone Movie*

> *"Bienaventurados aquellos cuyas iniquidades son perdonadas, Y cuyos pecados son cubiertos. Bienaventurado el varón a quien el Señor no inculpa de pecado" (Ro. 4:7,8).*

¿Qué mejor noticia que ese regalo gratuito del amor de Dios por nosotros? ¿Qué mejor noticia que estar totalmente seguros de nuestra salvación? Y al recibir tal regalo, nace y crece el deseo de caminar con Él y servirle, en agradecimiento y adoración. Como una oveja sucia y herida que entra al rebaño, Él comienza un proceso de sanación y restauración completa: *"estando persuadido de esto, que el que comenzó en vosotros la buena obra, la perfeccionará hasta el día de Jesucristo"* (Fil. 1:6). Un proceso de santificación, al seguirle y nunca la suelta de su mano:

> *"y yo les doy vida eterna; y no perecerán jamás, ni nadie las arrebatará de mi mano" (Jn. 10:28), para dar verdadero fruto hasta la glorificación. "Yo soy el pan vivo que descendió del cielo; si alguno comiere de este pan, vivirá para siempre" (Jn. 6:51). "De cierto, de cierto os digo: El que oye mi palabra, y cree al que me envió, tiene vida eterna; y no vendrá a condenación, mas ha pasado de muerte a vida" (Jn. 5:24).*

Finalmente comprendí el significado de justificación y la gracia de Dios, el cual es recibir la inmerecida dádiva de vida eterna.

¡Eternamente viviré con Él en su reino! Y con júbilo decir ¡aleluya!

> *"Justificados, pues, por la fe, tenemos paz para con Dios por medio de nuestro Señor Jesucristo" (Ro. 5:1).*
>
> *"Y este es el testimonio: que Dios nos ha dado vida eterna; y esta vida está en su Hijo" (1Jn. 5:11).*

Pero si lo ignoramos, si rechazamos tan gran regalo, la ira de Dios permanece sobre nosotros. Todos en algún momento en nuestras vidas somos confrontados con tal decisión: *"El que cree en el Hijo tiene vida eterna; pero el que rehúsa creer en el Hijo no verá la vida, sino que la ira de Dios está sobre él"* (Jn. 3:36).

El evangelio es poder de transformación, el poder que sobrenaturalmente nos hace un trasplante de corazón: *"Os daré corazón nuevo, y pondré espíritu nuevo dentro de vosotros; y quitaré de vuestra carne el corazón de piedra, y os daré un corazón de carne"* (Ez. 36:26). Somos desgajados del olivo silvestre e injertarnos al olivo bueno para con su Palabra y Espíritu recibir la rica savia que viene de buena raíz, que viene de Dios. (Ro. 11:17). Con ella estar preparados para toda buena obra, como fruto, mas no como requisito y entonces, dar vida a nuestra fe con actos de verdadero amor hacia nuestro prójimo demostrando así, el verdadero amor a Dios:

> *"Porque tuve hambre, y me disteis de comer; tuve sed, y me disteis de beber; fui forastero, y me recogisteis; estuve desnudo, y me cubristeis; enfermo, y me visitasteis; en la cárcel, y vinisteis a mí" (Mt. 25:35,36).*

Ya no cabía duda en mi mente que el vacío que creamos en nuestra vida y que después anhelamos llenar, es causa de nuestra desobediencia y rebeldía al ignorar el código de conducta que está escrito en nuestro ser. Al buscar nuestra propia versión de la verdad, siguiendo principios creados por hombres y alejarnos totalmente de nuestro verdadero propósito. Al escuchar y comprar un erróneo plan de vida, que se conoce como éxito, felicidad y placer, cauterizando nuestra conciencia cuando en realidad lo que buscamos es perdón y reconciliación. El mismo anhelo del hijo pródigo al verse perdido y arruinado (Lc. 15:11-32).

Era lo mismo que yo anhelaba cuando pensé que lo tenía todo, pero sin Cristo no tenía nada.

Concluimos entonces que, a la hora de morir, no es al diablo a quien debemos temer, ni a los que matan el cuerpo, sino el de estar bajo la ira de Dios.

No podemos cubrir nuestros pecados con buena conducta o rituales, porque el castigo no es medido por la balanza de obras, sino que pagaremos por los pecados que cometemos a diario por nuestra naturaleza caída. Nunca llegaremos a saldar la cuenta, por esto el castigo es eterno. Mas al creer y recibir a Cristo y depositar nuestra fe en Él somos justificados y perdonados. Solo por medio de Él somos reconciliados con el Padre. Solo Cristo salva.

> *"Jesús le dijo: Yo soy el camino, y la verdad, y la vida; nadie viene al Padre, sino por mí" (Jn. 14:6).*

> *"Yo soy el pan vivo que descendió del cielo; si alguno comiere de este pan, vivirá para siempre" (Jn. 6:51).*

> *"De cierto, de cierto os digo: El que oye mi palabra, y cree al que me envió, tiene vida*

eterna; y no vendrá a condenación, mas ha pasado de muerte a vida" (Jn. 5:24).

Un nuevo lente

Durante todo el período de sufrimiento y de renacer, pude despertar a la Palabra de Dios, escuchar su voz y ver más allá de la materia. Si vivimos en espíritu, antes y después del corto vapor de nuestras vidas, la verdad está en Cristo Jesús, Él es suficiente.

Cuando se conoce la fuente de la verdad es muy liberador poseer la certeza y la convicción de ver la vida con lentes que filtran la luz de la oscuridad, la verdad de la mentira. Nuestra mente debe nutrirse de la fuente verdadera, de la Palabra de Dios. La esencia de conocer las Escrituras está en que cambia por completo el contexto de toda la información que recibimos y toda creencia que poseemos. Si no parte de un trasfondo bíblico, de un evangelio no adulterado, todo entonces, está sujeto a revisión para reajustar tales creencias y que puedan estar enraizadas en la verdad. Como debe hacerse con la sabiduría convencional que forma ideologías sociales, religiosas, y otras. Asimismo, debemos definir el verdadero éxito que a continuación abarcaremos.

La verdad de la salvación está en la Biblia. Toda la Palabra de Dios, desde Génesis hasta Apocalipsis encapsula el plan de Dios y el manual de la vida para sus hijos. Es el porqué del deber nutrirse de ella. No solo un grupo selecto como elite escogida, sino para todos.

"Toda la Escritura es inspirada por Dios, y útil para enseñar, para redargüir, para corregir, para instruir en justicia, a fin de que el hombre

de Dios sea perfecto, enteramente preparado para toda buena obra" (2Ti. 3:16,17).

Alguien dijo que muchos buscan la verdad, y cuando suben a la cima de esa montaña y la encuentran se dan cuenta de que había gente allí sentada esperándolos.

Ahora sabía a qué se refería: *"Yo para esto he nacido, y para esto he venido al mundo, para dar testimonio a la verdad. Todo aquel que es de la verdad, oye mi voz"* (Jn. 18:37). *"Dijo entonces Jesús a los judíos que habían creído en él: Si vosotros permaneciereis en mi palabra, seréis verdaderamente mis discípulos; y conoceréis la verdad, y la verdad os hará libres"* (Jn. 8:31,32).

¿Qué es la verdad? Una persona. La persona de Jesús: *"Jesús le dijo: Yo soy el camino, y la verdad, y la vida"* (Jn. 14:6). *"Invoca al Nombre del Señor y Se salvo porque todo aquel que invocare el nombre del Señor, será salvo"* (Ro. 10:13). *"Arrepiéntete y cree en el Evangelio. El tiempo se ha cumplido, y el reino de Dios se ha acercado; arrepentíos, y creed en el evangelio"* (Mr. 1:15).

¿Si no eres tú, quien? ¿Si no es ahora, cuándo?

Capítulo 8

La verdad y los principios del éxito

Durante este tiempo de regeneración, mi mente y la razón permanecían cuestionando si pudiera ser así de simple. Mi salvación no dependía de mí, sino por gracia de Dios por medio de la fe, de creer en la transacción de la cruz. En realidad, el mensaje es simple, pero aceptarlo no fue nada fácil, porque comenzaría una etapa totalmente diferente, un período donde tendría que extirpar los tumores emocionales y espirituales al salir de la oscuridad a la luz. Un proceso de divorciarme de rituales sin sentido y aprender a renunciar a las supersticiones y a la asamblea de intermediarios imaginarios, envueltos y empaquetados en el bulto pesado de la religiosidad mal dirigida.

Aunque esta etapa duró más de lo que hubiese deseado, estaba consciente de que tendría que eliminar otras cargas pesadas. Entre ellas la fórmula para alcanzar el éxito. No algunas cosas, sino todas por completo.

En realidad, no todo era errado, pero en mi renacer no tenía idea de qué atesorar, así que estuve paralizado y resentido por algún tiempo, Me preguntaba de qué serviría todo el material de autoayuda que había consumido toda la vida. ¿Qué era verdadero y qué debía desechar? Tendría entonces que reaprender y filtrar cada buena práctica a la luz de las Escrituras y ver qué es lo verdadera y correctamente aplicable.

Haciendo un paralelo diferencial entre las conocidas y probadas leyes del éxito y la Palabra de Dios, claramente se puede concluir que su veracidad se debe a que están fundadas en las Escrituras, vienen de Dios y por ende irrefutables. Lo son como regla general, mas no como promesas, pues en la soberanía de Dios todo es posible. Sus caminos no son los nuestros:

> *"Porque mis pensamientos no son vuestros pensamientos, ni vuestros caminos mis caminos —declara el Señor" (Is. 55:8).*

Pero enfocándonos solo en la efectividad de la regla, pero no la excepción, la Biblia entera está llena de principios que nos edifican para vivir mejor. Si a esto se refiere podemos dirigirnos al libro de Proverbios, conocido como el libro de la sabiduría general y de la vida práctica. Su autor principal, el rey Salomón, escribió principios entretejidos, algunos conceptos siendo repetitivos a lo largo del libro que aplicamos hasta el día de hoy, parafraseados por muchos a través del tiempo, dando paso a vidas bien vividas, cosechando buenos frutos para sí y su descendencia.

> *"para aprender sabiduría e instrucción, para discernir dichos profundos, para recibir instrucción en sabia conducta, justicia, juicio y equidad; para dar a los simples prudencia, y a*

los jóvenes conocimiento y discreción. El sabio oirá y crecerá en conocimiento, y el inteligente adquirirá habilidad, para entender proverbio y metáfora, las palabras de los sabios y sus enigmas. El temor del Señor es el principio de la sabiduría; los necios desprecian la sabiduría y la instrucción" (Pr. 1:2-7).

¿Cómo podemos pagar tanto dinero para escuchar presentaciones bien empaquetadas de oradores motivacionales, comprar sus libros, materiales y módulos de entrenamiento y nunca leer el libro de quien fue conocido como el hombre más sabio y rico que jamás haya existido? Ya sabemos por qué no leemos la Biblia, pero si la sabiduría es lo que buscamos, tenemos que escuchar lo que el rey Salomón tuvo que decir, o más bien lo que el Espíritu de Dios nos dice en las Escrituras acerca de éxito y realización.

La buena noticia es que Dios quiere que tengamos éxito en todo lo que hagamos. Esto es, de acuerdo con su voluntad, cuando estamos centrados en su reino, y no con ambiciones egoístas que no dan fruto: *"porque el ejercicio corporal para poco es provechoso, pero la piedad para todo aprovecha, pues tiene promesa de esta vida presente, y de la venidera"* (1Ti. 4:8).

Tomando los aportes de la humanidad en la historia, el impacto generado por aquellos cuya vida y acciones están fundamentadas en el Dios verdadero, es incomparablemente más alto que cualquier otro. El pueblo judío, por ejemplo, el pueblo escogido, saben que la ciencia es la incesante búsqueda y aplicación de leyes creadas por Dios. Al tratar de descifrar y utilizar la creación desde el punto de vista científico con el fin de servirle a Él e iluminar al mundo, reciben el conocimiento e intuición necesarios para los hallazgos más relevantes de la historia: *"Y andarán las naciones a tu luz, y los reyes al resplandor de tu nacimiento"* (Is. 60:3).

Desde que se originó el premio Nobel en 1901, los judíos han recibido más del 20% de todos los que han sido otorgados. Al profundizar en algunas categorías es aún más notable: 41% en economía, 27% en medicina; 26% en física y 20% en química, entre otros. Teniendo en cuenta que los judíos representan una fracción del 1% de la raza humana y el premio Nobel solamente, representa más de ochenta veces en proporción a la población mundial, ser impactantes en el mundo está en el ADN del pueblo judío, que se rige de las Escrituras del *Tanak,* o Antiguo Testamento. Al ser confiados con las Escrituras asumen tal responsabilidad.

Warren Buffett, el famoso inversionista dice: *Si vas al Medio Oriente en busca de petróleo, no necesitas parar en Israel, pero si buscas inteligencia, energía, integridad, sabes que es la única parada que necesitas hacer*. Éxito en todo lo que hagamos.

También es cierto que no hay garantías, Dios no promete que todo saldrá bien todo el tiempo. Él en su soberanía utiliza todo para llevar a cabo su plan, utiliza toda su creación para su beneplácito. Usa a personas seculares, como el rey Ciro en Isaías 45. Animales, en Números 22. Lo inerte, como la roca en Números 20. Con esta premisa, los principios aplicables del éxito en las Escrituras son efectivos para creyentes y no creyentes, así como la luz del sol, la lluvia y el viento son disponibles para el puro y el impío:

> *"Pero yo os digo: Amad a vuestros enemigos, bendecid a los que os maldicen, haced bien a los que os aborrecen, y orad por los que os ultrajan*

> *y os persiguen; para que seáis hijos de vuestro Padre que está en los cielos, que hace salir su sol sobre malos y buenos, y que hace llover sobre justos e injustos" (Mt. 5:44,45).*

Las leyes del universo, de la física y todas las áreas del saber, nos ayudarán a tener una buena vida, sin embargo, de nada sirven si no se aplican para el propósito de Dios. La diferencia está en su aplicación, si es para conseguir gratificación inmediata del ego y riquezas, o si es para contribuir a un plan eterno, acorde con su voluntad. Allí se encuentra el verdadero impacto que es servir y vivir con plenitud, en la piedad, donde se vea claramente que somos hijos de Dios al edificar y ayudar a otros, demostrando con honra al Creador y cumpliendo sus mandamientos:

> *"Jesús le dijo: Amarás al Señor tu Dios con todo tu corazón, y con toda tu alma, y con toda tu mente. Este es el primero y grande mandamiento. Y el segundo es semejante: Amarás a tu prójimo como a ti mismo. De estos dos mandamientos depende toda la ley y los profetas" (Mt. 22:37-40).*

A través de este paradigma, con un lente bíblico y la sabiduría que viene de Dios, no podemos leer su Palabra en una sola dimensión, sino extraer de ella las formas y su profundidad que nos anima a escudriñarla con mayor interés y fascinación.

De acuerdo con *Jewish learning institute*, la tradición judía separa estas dimensiones de estudio en cuatro categorías. La primera, intención directa, esta se deriva del contexto y sintaxis. La segunda es alusión, la comunicación sutil codificada en el texto. La tercera, interpretativa, o comprensión panorámica de las Escrituras, el orden y secuencia de las enseñanzas. Y la cuarta es el significado oculto, algunas letras y palabras del hebreo encapsulan definiciones profundas.[4]

Un hombre que ganó un premio Nobel dijo lo siguiente: *el universo está compuesto de Tiempo, Fuerza, Movimiento, Espacio y Materia.* Este genio simplemente parafraseo las primeras diez palabras de la Biblia: *Al principio* (tiempo) *Dios* (fuerza) *creó* (movimiento) *los cielos* (espacio) *y la tierra* (materia). Esto era cierto, no porque un genio lo dijera, sino porque Dios de un modo así lo dijo. A lo largo de los años muchos maestros han parafraseado la Biblia para lograr éxito y enseñarlos a otros. Sus conceptos son verdaderos, no porque un genio lo haya dicho, sino porque están en línea con los principios de como Dios quiere que alcancemos el éxito, su voluntad.

En las Escrituras encontramos claros ejemplos de personas y atributos que componen las claves del éxito como hoy las conocemos. Desde la dimensión interpretativa, en el libro de Genesis, tomemos la vida de Noé como ejemplo. Noé encapsula un sin número de cualidades para salvar a la raza humana y el reino animal: obediencia, fe, disciplina, coraje, esfuerzo, ingenio, planeamiento, manejo de tiempo, persistencia, motivación, cuidado, ejecución hasta su finalización y otros atributos que podrían describir a un buen Líder. Al igual que Noé, en términos de liderazgo el Libro de Nehemías es quizás el más referenciado para aludir a la efectividad de un líder que lleva a cabo un gran proyecto en equipo. Este líder anima a todo un pueblo para reconstruir los muros de Jerusalén estratégicamente: *"Les dije, pues: Vosotros veis el mal en que estamos, que Jerusalén está desierta, y sus puertas consumidas por el fuego; venid, y edifiquemos el muro de Jerusalén, y no estemos más en*

4 *JLI- The Four Layers of Secret Code in the Bible Explained.*

oprobio. Entonces les declaré cómo la mano de mi Dios había sido buena sobre mí, y asimismo las palabras que el rey me había dicho. Y dijeron: Levantémonos y edifiquemos. Así esforzaron sus manos para bien" (Ne. 2:17-20). Del mismo modo hay una larga lista de personajes bíblicos que ilustran cómo lograr el éxito acorde a la voluntad de Dios, a la cual todos nos sometemos. Por otro lado, en lo sintáctico y contextual los ejemplos no son cortos, he aquí algunos:

- Trabajo o diligencia

"En toda labor hay fruto; Mas las vanas palabras de los labios empobrecen" (Pr. 14:23).

"No ames el sueño, para que no te empobrezcas; Abre tus ojos, y te saciarás de pan" (Pr. 20:13).

"La mano negligente empobrece; Mas la mano de los diligentes enriquece" (Pr. 10:4).

*"Porque también cuando estábamos con vosotros, os ordenábamos esto: Si alguno no quiere trabajar, tampoco coma. Porque oímos que algunos de entre vosotros andan desordenadamente, no trabajando en nada, sino entremetiéndose en lo ajeno... Si alguno no obedece a lo que decimos por medio de esta carta, a ese señaladlo, y no os juntéis con él, para que se avergüence" (*2Te. 3:10,11,14).

- Manejo del tiempo

*"Mirad, pues, con diligencia cómo andéis, no como necios sino como sabios, aprovechando bien el tiempo, porque los días son malos" (*Ef. 5:15,16).

"Andad sabiamente para con los de afuera, redimiendo el tiempo" (Col. 4:5).

- Motivación

"Y todo lo que hagáis, hacedlo de corazón, como para el Señor y no para los hombres" (Col. 3:23).

"Ve a la hormiga, oh perezoso, mira sus caminos, y sé sabio; la cual no teniendo capitán, ni gobernador, ni señor, prepara en el verano su comida, y recoge en el tiempo de la siega su mantenimiento" (Pr. 6:6-8).

- Planeamiento o administración

"Porque ¿quién de vosotros, queriendo edificar una torre, no se sienta primero y calcula los gastos, a ver si tiene lo que necesita para acabarla? No sea que después que haya puesto el cimiento, y no pueda acabarla, todos los que lo vean comiencen a hacer burla de él, diciendo: Este hombre comenzó a edificar, y no pudo acabar. ¿O qué rey, al marchar a la guerra contra otro rey, no se sienta primero y considera si puede hacer frente con diez mil al que viene contra él con veinte mil? Y si no puede, cuando el otro está todavía lejos, le envía una embajada y le pide condiciones de paz" (Lc. 14:28-32).

- Persistencia

"Por tanto, nosotros también, teniendo en derredor nuestro tan grande nube de testigos, despojémonos de todo peso y del pecado que nos asedia, y corramos con paciencia la carrera que tenemos por delante" (He. 12:1).

- Visión

"Poned la mira en las cosas de arriba, no en las de la tierra" (Col. 3:2).

"...puestos los ojos en Jesús, el autor y consumador de la fe, el cual por el gozo puesto delante de él sufrió la cruz,

menospreciando el oprobio, y se sentó a la diestra del trono de Dios..." (He. 12:2).

- Eficiencia o trabajo en equipo

"Mejores son dos que uno; porque tienen mejor paga de su trabajo. Porque si cayeren, el uno levantará a su compañero; pero ¡ay del solo! que cuando cayere, no habrá segundo que lo levante" (Ecl. 4:9,10).

"La benevolencia del rey es para con el servidor entendido; mas su enojo contra el que lo avergüenza" (Pr. 14:35).

- Disciplina o entrenamiento

"Camino a la vida es guardar la instrucción; pero quien desecha la reprensión, yerra" (Pr. 10:17).

"El que ama la instrucción ama la sabiduría; mas el que aborrece la reprensión es ignorante" (Pr. 12:1).

"Es verdad que ninguna disciplina al presente parece ser causa de gozo, sino de tristeza; pero después da fruto apacible de justicia a los que en ella han sido ejercitados" (He. 12:11).

- Excelencia

"Así que, hermanos míos amados, estad firmes y constantes, creciendo en la obra del Señor siempre, sabiendo que vuestro trabajo en el Señor no es en vano" (1C. 15:58).

"pero hágase todo decentemente y con orden..." (1C. 14:40).

- Integridad/ Justicia

"Mas buscad primeramente el reino de Dios y su justicia, y todas estas cosas os serán añadidas" (Mt. 6:33).

"Mas tú, oh hombre de Dios, huye de estas cosas, y sigue la justicia, la piedad, la fe, el amor, la paciencia, la mansedumbre" (1Ti. 6:11).

"El que camina en integridad anda confiado; mas el que pervierte sus caminos será quebrantado" (Pr. 10:9).

- Valentía o esfuerzo

"Mira que te mando que te esfuerces y seas valiente; no temas ni desmayes, porque Jehová tu Dios estará contigo en dondequiera que vayas" (Jos. 1:9).

"No te desampararé, ni te dejaré; de manera que podemos decir confiadamente: El Señor es mi ayudador; no temeré lo que me pueda hacer el hombre" (He. 13:5,6).

"Huye el impío sin que nadie lo persiga; mas el justo está confiado como un león" (Pr. 28:1).

"vosotros también, poniendo toda diligencia por esto mismo, añadid a vuestra fe virtud; a la virtud, conocimiento; al conocimiento, dominio propio; al dominio propio, paciencia; a la paciencia, piedad; a la piedad, afecto fraternal; y al afecto fraternal, amor" (2P. 1:5-7).

¿Cómo puede un hombre ser más efectivo, más sabio en esta vida? Estudiando y aplicando los principios entretejidos en todas las Escrituras.

Muchos padres cuando cometemos errores en la crianza de nuestros hijos usamos como excusa que no tuvimos un manual, o matrimonios rotos y quienes lo hemos perdido todo, lo hemos atribuido a lo mismo. Todo porque ignoramos las Escrituras. Yo ciertamente lo hice:

> *"Erráis, ignorando las Escrituras y el poder de Dios" (Mt. 22:29).*

La Biblia es nuestro manual de vida que, entre más leemos más renovamos nuestro entendimiento y crecemos en conocimiento, al encontrar muchas más claves para vivir con plenitud:

> *"Toda la Escritura es inspirada por Dios, y útil para enseñar, para redargüir, para corregir, para instruir en justicia" (2Ti. 3:16).*

Control de calidad

¿Por qué los principios del éxito son importantes para la salvación? No lo son. Nada de lo que hagamos, o cómo lo hagamos, salva. La salvación solo está en Jesús. Sin embargo, una vez que comenzamos a caminar con Cristo, nuestra relación con Dios induce el deseo de buscarlo y servirle. Nos separa para contribuir ser útiles, que es el significado de santificación. Para utilizar todas las herramientas y nuestros atributos para reflejar el carácter de Dios en reverencia y obediencia para hacer su voluntad. Para que Jesucristo sea exaltado y que yo mengue (Jn. 3:30). Para lograr un impacto más allá del éxito, es decir, en los frutos que damos con consecuencias eternas. Verter nuestro corazón en todo lo que hacemos, hacerlo como para el Señor, y como resultado traer ofrendas con nosotros al momento de nuestro encuentro con El. Al ser útiles y redimir nuestro tiempo para ser efectivos en ese servicio, con esfuerzo, dedicación y excelencia. No para gloriarme, sino para la gloria de Dios.

¿De qué le serviría a Noé ser salvo y en vez de construir un arca hubiese construido un botecito para él y su familia? ¿De qué le serviría a Pablo ser salvo y no escribir sus epístolas y no predicar? *¡ay de mí si no predico el evangelio!* (1C. 9:16). La tarea es simple, dar frutos.

Santiago lo explica:

> *"Hermanos míos, ¿de qué aprovechará si alguno dice que tiene fe, y no tiene obras? ¿Podrá la fe salvarle? Y si un hermano o una hermana están desnudos, y tienen necesidad del mantenimiento de cada día, y alguno de vosotros les dice: Id en paz, calentaos y saciaos, pero no les dais las cosas que son necesarias para el cuerpo, ¿de qué aprovecha? Así también la fe, si no tiene obras, es muerta en sí misma. Pero alguno dirá: Tú tienes fe, y yo tengo obras. Muéstrame tu fe sin tus obras, y yo te mostraré mi fe por mis obras" (Stg. 2:14-18).*

Si te crees salvo y no das frutos es lo mismo que el pámpano que está en la vid, y cree que es suficiente con estar allí, pero la Palabra dice que es cortado y tirado al fuego. (J.15:6).

Por otro lado, aunque salvos, nuestras obras y frutos en esta vida serán inspeccionadas en el cielo, atravesando un río de fuego de control de calidad. A menos que esas obras tengan valor delante de Dios, se consumirán. Solo lo que es piadoso permanecerá:

> *"la obra de cada uno se hará manifiesta; porque el día la declarará, pues por el fuego será revelada; y la obra de cada uno cuál sea, el fuego la probará. Si permaneciere la obra de alguno que sobreedificó, recibirá recompensa. Si la obra de alguno se quemare, él sufrirá pérdida, si bien él mismo será salvo, aunque así como por fuego" (1C. 3:13-15).*

Debemos preguntarnos entonces si nuestras obras tienen consecuencias eternas, o son meros recordatorios de nuestras ambiciones egoístas de grandeza terrenal, de valor cero en el reino de Dios, para luego adaptar una nueva visión del éxito, para acumular tesoros donde en realidad cuentan.

> *"No os hagáis tesoros en la tierra, donde la polilla y el orín corrompen, y donde ladrones minan y hurtan; sino haceos tesoros en el cielo, donde ni la polilla ni el orín corrompen, y donde ladrones no minan ni hurtan. Porque donde esté vuestro tesoro, allí estará también vuestro corazón" (Mt. 6:19-21).*

Ni la inteligencia ni la fuerza alcanzan

En adición al libro de Proverbios, Salomón al final de su vida, escribió otro libro llamado Eclesiastés, donde dice que *todo es vanidad,* al darse cuenta de la futilidad de los tesoros terrenales, del placer, de que la idolatría y la desobediencia solo deja desolación.

¿Quién podría pensar que el vacío que produce lo insaciable del éxito había sido reflexionado hace casi tres mil años por el hombre más sabio de la historia? ¿Pero, quién puede ser sabio sin conocer el sabor de la pérdida? Eclesiastés complementa la sabiduría de Proverbios, da una vista panorámica de la existencia que conforma lo realmente importante, que es evitar caminar en la vida por el camino de sabiduría de los hombres y vivir por la sabiduría revelada por Dios.

La experiencia del dolor y desesperanza cuando se tiene todo, es precisamente el espacio de la vida que nos confronta, al saber que lo físico no nos daría alivio espiritual.

Nadie tuvo más riquezas que Salomón, nadie fue y será más sabio que Salomón y aun sabio, entendió tarde en su vejez que solo Dios es y debe ser el fundamento de todo en la vida:

> *"Ahora, hijo mío, a más de esto, sé amonestado. No hay fin de hacer muchos libros; y el mucho estudio es fatiga de la carne. El fin de todo el discurso oído es este: Teme a Dios, y guarda sus mandamientos; porque esto es el todo del hombre. Porque Dios traerá toda obra a juicio, juntamente con toda cosa encubierta, sea buena o sea mala" (Ecl. 12:12-14).*

> *"Pues está escrito: Destruiré la sabiduría de los sabios, Y desecharé el entendimiento de los entendidos. ¿Dónde está el sabio? ¿Dónde está el escriba? ¿Dónde está el disputador de este siglo? ¿No ha enloquecido Dios la sabiduría del mundo?" (1C. 1:19,20).*

Similarmente el hombre más fuerte de las Escrituras, Sansón, fue ganador desde el principio, derrotó ejércitos, mató a leones y bestias con sus manos, con grandes muestras de fuerza física. Pero fue una triste historia de pérdida durante su vida al embriagarse de placeres del mundo, optando por la desobediencia costándole muy caro, perdiendo tanto la fuerza física como la vista, dando un agónico fruto al final, al derrumbar el templo.

Salomón y Sansón, dos vidas que nos sirven de sobrio ejemplo de que no podemos hacer nada para ganar el favor de Dios, ni con inteligencia ni con fuerza. Mas al ofrecernos humillados ante Dios como sacrificio vivo, estamos prestos para servirle acorde a nuestra caja de herramientas dada por Él, para dar frutos para su honra, mas no el estándar del mundo que de nada aprovecha.

> *"Así que, hermanos, os ruego por las misericordias de Dios, que presentéis vuestros cuerpos en sacrificio vivo, santo, agradable a Dios, que es vuestro culto racional. No os conforméis a este siglo, sino transformaos por medio de la renovación de vuestro entendimiento, para que comprobéis cuál sea la buena voluntad de Dios, agradable y perfecta" (Rom 12:1,2).*

Por esto es la gran distinción de saber que la medida terrenal del éxito, todos bajo un solo criterio materialista, desencadena emociones de muchos, llevándonos a la desesperación y un final lamentable. Como sucedió también con el hombre más fuerte y el hombre más sabio de las Escrituras. ¿Entonces, quién sería un buen ejemplo para seguir?

Conforme al corazón de Dios

> *"Quitado este, les levantó por rey a David, de quien dio también testimonio diciendo: He hallado a David hijo de Isaí, varón conforme a mi corazón, quien hará todo lo que yo quiero" (Hch. 13:22).*

El rey David, padre de Salomón, a quien fue el único que Dios llamó *conforme a su corazón*, quien toda su vida vivió para honrarle, todo lo logró dando gracias a Dios al reconocer que no fueron sus fuerzas ni sabiduría quienes lograron vencer a Goliat, ni llegar a ser rey. David reconoció que fue Dios quien lo amparó, instruyó y levantó para lograr todo. A su vez David alabó, honró a Dios con todo su corazón.

Cuando pecó y falló por su naturaleza caída, nos regaló una oración de arrepentimiento, la única manera de encontrar salvación. Solo hay salvación en el profundo arrepentimiento de nuestros pecados y aclamar a Dios para perdón.

También hay perdón hoy para nosotros, en la dispensación de los tiempos, al recibir a Cristo:

> *"Ten piedad de mí, oh Dios, conforme a tu misericordia; conforme a la multitud de tus piedades borra mis rebeliones. Lávame más y más de mi maldad, y límpiame de mi pecado. Porque yo reconozco mis rebeliones, y mi pecado está siempre delante de mí. Contra ti, contra ti solo he pecado, y he hecho lo malo delante de*

tus ojos; para que seas reconocido justo en tu palabra, Y tenido por puro en tu juicio. He aquí, en maldad he sido formado, y en pecado me concibió mi madre. He aquí, tú amas la verdad en lo íntimo, y en lo secreto me has hecho comprender sabiduría. Purifícame con hisopo, y seré limpio; lávame, y seré más blanco que la nieve. Hazme oír gozo y alegría, y se recrearán los huesos que has abatido. Esconde tu rostro de mis pecados, Y borra todas mis maldades. Crea en mí, oh Dios, un corazón limpio, y renueva un espíritu recto dentro de mí. No me eches de delante de ti, y no quites de mí tu santo Espíritu. Vuélveme el gozo de tu salvación, y espíritu noble me sustente. Entonces enseñaré a los transgresores tus caminos, y los pecadores se convertirán a ti... Porque no quieres sacrificio, que yo lo daría; No quieres holocausto. Los sacrificios de Dios son el espíritu quebrantado; al corazón contrito y humillado no despreciarás tú, oh Dios" (Sal. 51:1-13, 16-17).

Capítulo 9

Lo que la verdad no es

Fueron muchas respuestas reveladas por medio de la Palabra. Nuestro origen, los atributos de Dios, su revelación, su plan, el estándar con que comparamos lo correcto del error y el pleno conocimiento de la verdad de salvación. Pero aún yo no tenía claro en cómo cambiaría mi propósito, aunque tenía una idea. No solo estaba convencido de continuar el estudio y la plena comprensión de su Palabra, sino que también estaba absolutamente decidido a proclamarla. Después de todo era un atributo innato. Aunque dicen que un estudiante de quinto grado es un héroe para uno de segundo, pensaba que necesitaba prepararme más, que no podía enseñar a nadie deliberadamente cosas de Dios sin estar seguro, no tanto en lo teórico, sino en vivir el evangelio y por esto no estaba calificado. Era un recién nacido en la fe, además tendría que confrontar y abandonar cómo yo había sido durante toda una vida, un mentiroso.

Desde muy niño solía mentir para conseguir lo que quería y para salir de situaciones que resultarían en castigos. Engañaba a mis padres, maestros y a cualquiera sin razón alguna, mucho más para lucir bien. Recuerdo que cuando mi equipo de liga infantil de béisbol perdía los juegos yo mentía, decía que ganábamos para evitar el ridículo, añadiendo lo bien que jugaba.

Un día recibí mi castigo merecido, no pasó mucho para ganarme un apodo: *saquito de embustes.* Por lo tanto, lo que salía de mi boca estaba sujeto a la duda. Por años para los adultos fue divertido, para mi aún más, era un *modus operandi* para ser escurridizo y salirme con la mía casi siempre. Lastimosamente ese hábito no se quedó atrás con mi infancia, sino que tomó forma de aplicación para la vida laboral y personal. Todo como resultado del egocentrismo y orgullo, los cuales conformaban mi fundamento y motivación intrínsecos. Así que para decir mentirijillas espontáneas era un experto y el acomodar la verdad a mi conveniencia por toda una vida no se desvanecería de la noche a la mañana. Pero gracias a Dios y su Palabra ocurrieron dos cosas. Primero, fui confrontado directamente e implantó un deseo ferviente de sacar la mentira de mi vida. Comenzó el repudio por mi pecado, sentía pesar y asco cada vez que por inercia lo hacía. Sabía que debía alejarme voluntariamente de toda mentira, porque las referencias en las Escrituras de las consecuencias no son escasas.

Comencé a decir la verdad, aunque fuese inconveniente o causara dolor temporal para otros y para mí:

> *"El testigo falso no quedará sin castigo, y el que habla mentiras perecerá" (Pr. 19:9).*

> *"No habitará dentro de mi casa el que hace fraude; el que habla mentiras no se afirmará delante de mis ojos" (Sal. 101:7).*
>
> *"Vosotros sois de vuestro padre el diablo, y los deseos de vuestro padre queréis hacer. Él ha sido homicida desde el principio, y no ha permanecido en la verdad, porque no hay verdad en él. Cuando habla mentira, de suyo habla; porque es mentiroso, y padre de mentira" (Jn. 8:44).*
>
> *"Pero los cobardes e incrédulos, los abominables y homicidas, los fornicarios y hechiceros, los idólatras y todos los mentirosos tendrán su parte en el lago que arde con fuego y azufre, que es la muerte segunda" (Ap. 21:8).*

Segundo, creció mi sentido de justicia, entendí que, aunque mi alma deseaba no mentir, no quiere decir que no recuerde que antes lo hacía muy astutamente. En honor a la verdad, cada interacción interpersonal es una pequeña batalla que pone a prueba mi conciencia, en especial cuando mi reputación está de por medio o se opta por la paz y la armonía, pensando que mentir, para evitar confrontaciones, es virtud.

Mi repugnancia por mis pecados me causó remordimiento, pero me quedó el discernir del estafador y sus métodos. Las mentiras y necedades que abundan en la sabiduría convencional y sus maestros están por todos lados:

> *"Mirad que nadie os engañe por medio de filosofías y huecas sutilezas, según las tradiciones de los hombres, conforme a los rudimentos del mundo, y no según Cristo" (Col. 2:8). "Guardaos*

de los falsos profetas, que vienen a vosotros con vestidos de ovejas, pero por dentro son lobos rapaces" (Mt. 7:15).

Cuando describimos la mentira, generalmente nos dirigimos a lo que parece contrario de la realidad, como decir sí, cuando es no.

Una mentira no solo es lo que es completamente opuesto, sino también lo que es muy parecido, como una copia falsa de un billete, siendo cada vez más difícil de detectar.

Algunas veces las cosas huelen a verdad, saben a la verdad, parecen verdad, pero no es la verdad. De hecho, hay casos en que esa casi verdad puede ser mortal. El veneno para ratas, por ejemplo, cada grano es 99.5% cereal y solo 0.5% veneno. Una buena ilustración y advertencia para muchos maestros que, con buenas intenciones de impactar vidas, están sirviendo veneno para ratas. Una verdad parcial, es una mentira completa: *"Un poco de levadura leuda toda la masa"* (Gá. 5:9).

La buena noticia es, que, con el estándar de línea recta, podemos ver claramente las torcidas para descartarlas y rechazarlas. Como dice mi buen amigo Oriol: *Cuando leo un libro, es como comer pescado, lo hago con cuidado y remuevo las espinas.* Con el material de autoayuda me había tragado algunas espinas y crecí en convicción de sacar a la luz estos conceptos. Con la esperanza de exhortar a otros a examinarse y a leer la Palabra de Dios que nos advierte ampliamente sobre los falsos maestros para no tragar espinas potencialmente mortales.

> *"Pero hubo también falsos profetas entre el pueblo, como habrá entre vosotros falsos maestros, que introducirán encubiertamente herejías destructoras, y aun negarán al Señor que los rescató, atrayendo sobre sí mismos destrucción repentina. Y muchos seguirán sus disoluciones, por causa de los cuales el camino de la verdad será blasfemado, y por avaricia harán mercadería de vosotros con palabras fingidas. Sobre los tales ya de largo tiempo la condenación no se tarda, y su perdición no se duerme" (2P. 2:1-3).*

Para quienes hemos puesto nuestra fe en Jesús y los que aun buscan respuestas que llenen el alma y anhelan el ser exitosos en todo, también deben procurar distinguir las distracciones y las maneras en que Satanás pretende desorientarnos. Si pensamos que somos listos y astutos, Satanás lo cree aún más. Cada vez que escuchamos la verdad adulterada, quien quiera que lo crea, se aleja un poco más del camino estrecho: *"Mas evita profanas y vanas palabrerías, porque conducirán más y más a la impiedad"* (2Ti. 2:16).

Cada ser humano que no es de Dios es hijo del gran mentiroso, del padre de la mentira. Él te hará creer verdades parciales con historias casi reales y creer en cualquier cosa.

Te dará pruebas tangibles que buscas para que allí te detengas y no conozcas al Dios verdadero. Cada nuevo concepto o movimiento social que ofrece una mejor manera de vivir apartado de la presencia de Dios representa un sistema, con cada nuevo suscriptor hay una pequeña victoria para Satanás al creer lo que la verdad no es, que a veces equivale al 0.5% que envenena nuestras vidas. El único objetivo del padre de la mentira es estafarnos de la vida eterna, no importa cómo. Satanás junto a su legión de impostores se ha encargado de distraernos, desviarnos del camino estrecho con señales en forma de tentaciones desde un fruto en el jardín del Edén, hasta una gama de opciones que ofrecen placer y falsa certidumbre de que todo va a estar bien, conforme con el triunfo y felicidad. Uno a uno los va desviando al camino ancho que lleva a la perdición.

Satanás ha establecido dos columnas fundamentales de donde estas distracciones descansan, el materialismo y las religiones. La primera, para la satisfacción del *yo* y que mantengamos los ojos puestos en nuestro alrededor, siendo fieles partícipes de las distracciones de este mundo. La segunda, para dar a una forma de espiritualidad, las tradiciones y dogmas establecidos por hombres, más importancia que una relación directa con Dios:

> *"No améis al mundo, ni las cosas que están en el mundo. Si alguno ama al mundo, el amor del Padre no está en él. Porque todo lo que hay en el mundo, los deseos de la carne, los deseos de los ojos, y la vanagloria de la vida, no proviene del Padre, sino del mundo. Y el mundo pasa, y sus deseos; pero el que hace la voluntad de Dios permanece para siempre" (1Jn. 2:15-17).*

Desde siempre la humanidad ha sido intrínsicamente egoísta, nacemos propensos al pecado y a vivir para nuestra propia conveniencia. Al escuchar que esto es lo que debemos hacer, o sea, vivir para nuestra conveniencia, suena como música para nuestros oídos:

> *"Porque vendrá tiempo cuando no sufrirán la sana doctrina, sino que teniendo comezón de oír, se amontonarán maestros conforme a sus propias concupiscencias, y apartarán de la verdad el oído y se volverán a las fábulas" (2Ti. 4:3,4).*

En los próximos capítulos revisaremos algunas de tantas formas en el que el padre de la mentira nos intenta alejar de la vida piadosa, partiendo desde estas dos distracciones, el materialismo y las religiones. También, de ataques directos a creyentes para debilitarnos. Pero debemos recordar que cada experto de los que detectan la falsificación, su efectividad no está en estudiar tanto lo falso, porque esta es siempre cambiante y escurridiza. Habrá siempre nuevas versiones de imitaciones. Estos expertos estudian minuciosamente lo real, para con facilidad poder distinguir la mentira. No importa de cuántas maneras esta se manifieste. Nuestra labor es entonces conocer el estándar de verdad y su Palabra. Al vestirnos de la armadura del Espíritu podremos descansar seguros. Al poseer las armas para discernir el error y arraigados en la verdad, por medio de nuestro Señor Jesucristo estaremos siempre a salvo, ya hemos triunfado.

Expuesto a la luz

Nada suena más dulce y música a nuestros oídos que el mensaje de felicidad, prosperidad y encontrar plenitud, introducido principalmente por la industria de la autoayuda y el desarrollo personal. Tantos seminarios motivacionales y conferencias magistrales que venden recetas de abundancia suenan muy atractivos. ¿Quién puede resistir la tentación de una vida grandiosa y cómoda? Suscribiéndose y siguiendo los pasos para llegar allí, atesorándolos como un secreto que nadie conoce. Yo era el cliente número uno.

En Estados Unidos los analistas de *Marketdata* proyectan que el valor de la industria de los oradores profesionales crecerá a un ritmo anual promedio de 4.1%, alcanzando los 2300 millones de dólares para el 2025. Esta industria completa sí que donde pone el ojo pone la bala. Entonces, ¿quién no querría un pedazo de este pastel?

¿Cuál es el problema? El problema es que cuando el llamado secreto del éxito trasciende de las valiosas ideas de productividad y rendimiento a la realización espiritual, es cuando enciende las alarmas. Cuando las estrategias para cerrar la venta se convierten en filosofías para una vida significativa al entrar en un terreno invisible. Entonces no solo son tácticas para navegar en un ámbito laboral, sino también teológico. Se convierte en una religión. Si es una religión entonces, ¿a qué dios se idolatra? Lo sabremos al exponer esta filosofía a luz de la verdad.

Un método bien cultivado por los oradores motivacionales es pescar en el océano del conocimiento acumulativo para compartir con su audiencia primaria. Emplean una forma de sincretismo filosófico de técnicas probadas y religiones orientales, para ofrecer un producto bien empaquetado que haga el mensaje atractivo al buscador, el emprendedor, al soñador y los que sufren. Esta es una mentalidad llena de esperanza, respaldada por una comunidad altruista, solidaria y a la vez enérgica, que atrae a muchos con apoyo y orientación bien intencionados. El peligro de este y cualquier otro sistema de creencias es cuando nos aleja de la verdad de Dios y la Biblia. Es cuando funciona, cuando el genio de la lámpara concede tus deseos y el sistema se convierte en un escudo, una forma de vacuna que bloquea la verdad. Entonces puede atrincherar a muchos en una secta de abundancia, especialmente al conseguir gran éxito y poder. O peor, al llegar a ser maestros y proliferan sus secretos ante las masas. Esto es precisamente lo que ha ocurrido.

Esto puede parecer extraño para muchos, quizás después de pensar que algunas de estas enseñanzas son irrefutables como ya lo vimos, sino que también incluyen a Dios en su retórica, mencionando Dios, Jesús o fe, con supuesta comprensión como verdaderos creyentes, haciendo a Dios parte de la receta para hornear el éxito. Pero solo poniendo a Dios como un ingrediente, una pieza del rompecabezas que debe estar bien ubicada en la construcción de sus vidas. Tomamos el ejemplo de un hombre que quiere llevar una vida satisfactoria en todos los ámbitos, físico, mental, espiritual, emocional y social. Entonces busca una estrategia y una serie de principios que puede aplicar para equilibrarlos a todos.

¿Lo notaste? El hombre hace de lo espiritual un área de su vida que debe equilibrar, como uno de los lados de su cubo de *rubix*. La parte espiritual en esencia es nuestra relación con Dios. Él es nuestro sustento, el fundamento, la raíz que alimenta con rica savia al olivo de nuestras vidas. Si no nos alimenta la raíz correcta, mientras pertenecemos al olivo silvestre todas las áreas son fundamentalmente erróneas:

> *"Pues si algunas de las ramas fueron desgajadas, y tú, siendo olivo silvestre, has sido injertado en lugar de ellas, y has sido hecho participante de la raíz y de la rica savia del olivo" (Rom 11:17).*

Dios no es una pieza, es la fuente de ellas, es el Creador y sustento de nuestro ser.

El haber reconocido el hecho de que lo espiritual existe es un gran punto de partida. Es el comienzo de la inteligencia espiritual.

Llamar a Dios por su nombre es aún mejor, pero si no vemos nuestras vidas desde los lentes del evangelio, cualquier otra visión del mundo se distorsiona.

Es el comienzo de una línea torcida: *"El principio de la sabiduría es el temor de Jehová"* (Pr. 1:7).

Los maestros motivacionales pueden mencionar a Dios en cada frase, pero cuando Él es solo una pieza del rompecabezas, entonces no es el Dios de Abraham, Isaac y Jacob, sino un dios creado en su imaginación. Y amar a un dios que no es el Dios de la Biblia, es adulterio, es idolatría.

Muchos oradores nos exhortan a poner a Dios primero. ¿No lo escuchas todo el tiempo?

Discursos en redes sociales están lleno de títulos como ese. Sin embargo, sus acciones y estilo de vida demuestran que Él puede estar en alguna parte, pero ciertamente no de primero. De hecho, nuestro deber no es colocar a Dios en un ranking. Es obvio que Él es primero, nuestro deber es sencillamente reconocer que Él lo es. Todo parte de dar a Dios su lugar. Pero siguiendo el hilo semántico, los motivadores no pueden poner a Dios primero y predicar acerca de hacerse rico en lugar de, o a costa del evangelio: *"Ninguno puede servir a dos señores; porque o aborrecerá al uno y amará al otro, o estimará al uno y menospreciará al otro. No podéis servir a Dios y a las riquezas"* (Mt. 6:24).

No pueden poner a Dios primero y vivir como si no lo conocieran, amando al mundo y las cosas del mundo: *"No améis al mundo, ni las cosas que están en el mundo. Si alguno ama al mundo, el amor del Padre no está en él"* (1Jn. 2:15).

No pueden poner a Dios primero enseñando sus juguetes adquiridos por el éxito y convertirse en piedra de tropiezo para los débiles en la fe, a aquellos que luchan contra la codicia y el materialismo: *"No seáis tropiezo ni a judíos, ni a gentiles, ni a la iglesia de Dios"* (1C. 10:32).

No pueden poner a Dios primero y tener la boca llena de palabras obscenas en sus discursos y conferencias: *"Ninguna palabra corrompida salga de vuestra boca, sino la que sea buena para la necesaria edificación, a fin de dar gracia a los oyentes"* (Efe 4:29).

No pueden poner a Dios primero y promover su libro de secretos más que a la Biblia: *"Profesan conocer a Dios, pero con los hechos lo niegan, siendo abominables y rebeldes, reprobados en cuanto a toda buena obra"* (Tit. 1:16).

Hoy en día, algunos ricos y famosos son maestros de los mismos principios de éxito que les dieron riqueza, pero también enseñan falsa esperanza espiritual. Estudian y memorizan textos de libros como *Piense y hágase rico* y similares. Promoviéndolos hasta más no poder. Algunos se jactan de haber leído estos libros docena de veces y tal vez nunca leyeron la Biblia una sola vez. Mucho menos entendieron el Evangelio de Jesucristo: *"Respondiendo él, les dijo: Hipócritas, bien profetizó de vosotros Isaías, como está escrito: Este pueblo de labios me honra, mas su corazón está lejos de mí"* (Mr. 7:6).

El joven rico

¿Qué tan difícil podría ser para un maestro famoso y exitoso dejar esta plataforma y seguir a Cristo? Después de construir una marca corporativa, con una buena base de seguidores, ¿dejarlo todo así nada más? Se necesita verdadero valor. Más que valor, se necesita todo.

Leamos en el libro de Marcos un ejemplo de lo que costaría:

> *"Al salir él para seguir su camino, vino uno corriendo, e hincando la rodilla delante de él, le preguntó: Maestro bueno, ¿qué haré para heredar la vida eterna? Jesús le dijo: ¿Por qué me llamas bueno? Ninguno hay bueno, sino solo uno, Dios. Los mandamientos sabes: No adulteres. No mates. No hurtes. No digas falso testimonio. No defraudes. Honra a tu padre y a tu madre. Él entonces, respondiendo, le dijo: Maestro, todo esto lo he guardado desde mi juventud. Entonces Jesús, mirándole, le amó, y le dijo: Una cosa te falta: anda, vende todo lo que tienes, y dalo a los pobres, y tendrás tesoro en el cielo; y ven, sígueme, tomando tu cruz. Pero él, afligido por esta palabra, se fue triste, porque tenía muchas posesiones" (Mr. 10: 17-22).*

¡Wow! ¿Vender todo? Cualquier cosa que ocupe el lugar de Dios en el corazón es idolatría. Dios es primero. Dios bendice a muchos con riquezas para su gloria. Él es soberano, pero si las riquezas y las posesiones se convierten en ídolos, debemos despojarnos de ellas. Dinero, poder, trabajo, amor, incluso familia. Nada debería ocupar el lugar de Dios y debemos ubicar estas cosas donde corresponden. Todo mesurado, bajo la mayordomía para Dios, es entonces cuando hemos reconocido a Dios en su lugar.

Todos seremos confrontados con esa elección al igual que el joven rico. Desde Adán tenemos la misma opción de escoger entre lo permisible y el fruto del conocimiento del bien y el mal.

A todos los creyentes, por ser sus hijos, somos disciplinados como vemos en Hebreos 12. Nos hace desprender de las cosas para que regresemos a cumplir el primer y más grade mandamiento:

> *"Amarás al Señor tu Dios con todo tu corazón, y con toda tu alma, y con toda tu mente" (Mt. 22:37).*

Pero muchos aun no siendo salvos se reúsan y se alejan como este joven rico.

Notemos cómo Jesús no midió la bondad del joven con palabras superficiales de afirmación, de obedecer todos los mandamientos, que claramente no hizo, sino lo que lo confrontó con su pecado de idolatría por el materialismo. Quizás, a simple vista otros no ven, pero que sí lo sabe quién escudriña los corazones. Jesús sabía que no estaba en la verdad y la reacción del joven rico lo confirmó. Él estaba enfrente de Jesús, de Dios mismo, ofreciéndole tesoros en el cielo y aun así no pudo dejar ir los terrenales.

Puedo imaginar lo que pasó por la mente de ese joven, o de cualquier persona de estatus en una fracción de segundo, mirando hacia atrás en su vida de todos los obstáculos. Quizás sacrificios que han tenido que atravesar para amasar toda su riqueza y dejarlo ir así nada más, sí, sería muy difícil. Marcos escribe a continuación:

> *"Entonces Jesús, mirando alrededor, dijo a sus discípulos: ¡Cuán difícilmente entrarán en el reino de Dios los que tienen riquezas! Los discípulos se asombraron de sus palabras; pero Jesús, respondiendo, volvió a decirles: Hijos, ¡cuán difícil les es entrar en el reino de Dios, a los que confían en las riquezas! Más fácil es pasar un camello por el ojo de una aguja, que entrar un rico en el reino de Dios. Ellos se asombraban aún más, diciendo entre sí: ¿Quién, pues, podrá ser salvo? Entonces Jesús, mirándolos, dijo: Para los hombres es imposible, mas para Dios, no; porque todas las cosas son posibles para Dios" (Mc. 10:23-27).*

Muchas personalidades que enseñan el *cómo hacer* en la vida, parecen ser personas decentes y honestas. Quizás nadie note la necesidad de despojarse de ídolos, la cual puede incluir la fama, o plataforma de miles de seguidores. Por esto no puedo evitar sentir algo de tristeza por los pocos maestros sinceros con un alto sentido de propósito y amor por los demás, que son agentes cambiantes por naturaleza y creen que hay suficiente para todos. Estos luego comparten sus mejores prácticas y los beneficios de sus experiencias, genuinamente quieren que el mundo lo sepa. Puedes percibir sinceridad en sus palabras, por eso, a veces tiendo a separar el contenido de sus intenciones.

Pero como dijo Jim Rohn: *uno puede estar sinceramente equivocado.* Este es precisamente el camino que muchos escogieron y que yo mismo tenía proyectado. Pero gracias a Dios, su Espíritu me guio para enderezar el camino.

Cuando de objetivos se trata, es fascinante escuchar estos maestros decir frases como: *antes de subir la escalera del éxito, asegúrate que este apoyada al edificio correcto.* O: *no es que apuntes alto y falles, es que apuntas bajo y aciertas.* Lo irónico es que son ideas que muchos de ellos ignoran, porque parten de una mente puesta en objetivos limitados y finitos, puramente terrenales.

Trabajamos, nos esforzamos, corremos, sembramos y recogemos. Como si la fuente de todo fuésemos nosotros y buscamos almacenar tesoros que duren para siempre. Decimos: *haremos historia; seré inmortal; este es mi legado; haré mella en el universo*. Al mismo tiempo esto nos empuja a llegar primero, a ganar y recibir reconocimientos que creemos eternos, pero que en realidad son temporales, que se desvanecen. Esto es entonces, una escalera apoyada en el edificio incorrecto, y apuntar bajo.

Un verdadero creyente vive en la economía del cielo y conoce el verdadero proveedor. También conoce los verdaderos galardones y tesoros que alcanzaremos al hacer su voluntad, al seguirle, como Jesús le ofreció al joven rico: *"Pero el que no tiene estas cosas tiene la vista muy corta; es ciego, habiendo olvidado la purificación de sus antiguos pecados"* (2P. 1:9).

Cuando leemos la Palabra que no miente, podemos ver claramente las advertencias sobre trabajar por una recompensa temporal:

> *"No os hagáis tesoros en la tierra, donde la polilla y el orín corrompen, y donde ladrones minan y hurtan; sino haceos tesoros en el cielo, donde ni la polilla ni el orín corrompen, y donde ladrones no minan ni hurtan. Porque donde esté vuestro tesoro, allí estará también vuestro*

> *corazón" (Mt. 6:19-21). "Todo aquel que lucha, de todo se abstiene; ellos, a la verdad, para recibir una corona corruptible, pero nosotros, una incorruptible" (1C. 9:25). "Trabajad, no por la comida que perece, sino por la comida que a vida eterna permanece, la cual el Hijo del Hombre os dará; porque a este señaló Dios el Padre" (Jn. 6:27).*

¿Lo notas? Somos conformes con los tesoros perecederos en lugar de buscar primero el reino de Dios y su justicia; donde todas estas cosas serán añadidas, como leemos en Mateo 6:33. ¿Cómo sabemos si hemos llegado a conocer a Dios? *"Y en esto sabemos que nosotros le conocemos, si guardamos sus mandamientos"* (1Jn. 2:3).

Haz lo que quieras

La mentira principal de Satanás por medio de falsos maestros es que vayas por tus propios deseos, que hagas lo que quieras. De hecho, hoy no podemos asociar éxito sin antes haber establecido claridad de metas, que por lo general apuntan con una ganancia personal. Pero la Biblia nos alerta a estar vigilantes de falsas enseñanzas. Veintiséis de los veintisiete libros del Nuevo Testamento nos advierten sobre estos esquemas incluyendo las consecuencias y el deber que tenemos de exponerlos:

> *"Y no participéis en las obras infructuosas de las tinieblas, sino más bien reprendedlas" (Ef. 5:11).*

> *"Guardaos de los falsos profetas, que vienen a vosotros con vestidos de ovejas, pero por dentro son lobos rapaces" (Mt. 7:15).*

> *"Pero el Espíritu dice claramente que en los postreros tiempos algunos apostatarán de la fe, escuchando a espíritus engañadores y a doctrinas de demonios" (1Ti. 4:1).*

En esto no podemos permitirnos el lujo de estar sinceramente equivocados.

> **Dolorosamente muchos principios torcidos son pontificados por oradores motivacionales que los convierten en predicadores de un falso evangelio.**

Lo hacen ante personas que continúan escuchando y siguiendo su plan de realización y grandeza que, mientras lo alcanzan y saborean, van muriendo perdidos en sus pecados, dirigiéndose directamente al fuego del infierno.

Satanás y su agenda desde su caída, es sabotear la creación de Dios y tomar el lugar de igualado al Dios soberano. Opera estableciendo una serie de industrias que una vez que alguien se emplea en ellas, ese programa actúa con eficacia para asegurar que el sujeto permanezca en cautiverio. Incluso si eso significa un buen estilo de vida y riqueza para nunca llegar a conocer a Dios. Si todo va bien en el trabajo, en el hogar, rara vez se enferman y están marcando todas las casillas de calidad de vida, como si nunca llegara el dolor o la muerte, Dios se convierte en segunda naturaleza. Hasta que un día tomen un giro trágico y sea demasiado tarde para reconciliarse con Dios. Entonces el programa de Satanás, su industria de prosperidad habrá funcionado a la perfección.

¿Lo ves? Por esto Satanás necesita falsos maestros, para que nunca lleguemos a conocer al verdadero. ¿A que industria o sistema estás subscrito? Es cierto que el camino hacia la perdición es ancho: *"Entrad por la puerta estrecha; porque ancha es la puerta, y espacioso el camino que lleva a la perdición, y muchos son los que entran por ella; porque estrecha es la puerta, y angosto el camino que lleva a la vida, y pocos son los que la hallan"* (Mt. 7:13,14).

Por eso si creemos en Dios y que Él es primero, entonces no podemos dudar de la verdad de su Palabra:

> *"Y alzando los ojos hacia sus discípulos, decía: Bienaventurados vosotros los pobres, porque vuestro es el reino de Dios. Bienaventurados los que ahora tenéis hambre, porque seréis saciados. Bienaventurados los que ahora lloráis, porque reiréis. Bienaventurados seréis cuando los hombres os aborrezcan, y cuando os aparten de sí, y os vituperen, y desechen vuestro nombre como malo, por causa del Hijo del Hombre. Gozaos en aquel día, y alegraos, porque he aquí vuestro galardón es grande en los cielos; porque así hacían sus padres con los profetas. Mas ¡ay de vosotros, ricos! porque ya tenéis vuestro consuelo. ¡Ay de vosotros, los que ahora estáis saciados! porque tendréis hambre. ¡Ay de vosotros, los que ahora reís! porque lamentaréis y lloraréis" (Lc. 6:20-25).*

Entendemos entonces, que todas las inspiraciones engañosas proceden del padre de la mentira y todas las líneas torcidas parten de su plan, para desviarnos del camino estrecho trazado por el Creador, adulterando el mensaje de obediencia y rendición a Dios. Este muy astuta y minuciosamente ha cambiado para hacer en realidad, no su voluntad, sino la nuestra.

En la supuesta biblia satánica escrita por Anton Szandor, afirma: *El satanismo ha sido frecuentemente tergiversado como adoración al diablo, cuando en realidad constituye un claro rechazo de todas las formas de adoración como un componente deseable de la personalidad. Bienaventurados los que creen en lo mejor para ellos, porque nunca se aterrorizará su mente.*

El sumo sacerdote del satanismo Aleister Crowley, escribió en *Do as thou wilt, o "Haz lo que quieras: Será la totalidad de la Ley. No tienes más derecho que hacer lo que quieras. Por pura voluntad, sin un propósito, liberado de la lujuria por el resultado, esto es perfecto en todos los sentidos."*

¿Dónde había leído antes algo similar? *Eres el dueño de tu destino. Puedes influir, dirigir y controlar tu propio entorno. Puedes hacer de tu vida lo que quieres que sea.* En el libro contemporáneo de los más vendidos y leídos por los que, con devoción, buscan adquirir o agrandar riquezas: *Piense y hágase rico.*

Su autor, Napoleón Hill declara que entrevistó a más de quinientos hombres, los más ricos y exitosos de su tiempo, siendo el libro la tesis de su estudio. Y como el mismo Anton Szandor, concluye: *Si la entrada de un rico al cielo parece tan difícil como el intento del camello de pasar por el ojo de una aguja; si el amor al dinero es la raíz de todos los males; entonces debemos al menos asumir que los hombres más poderosos de la tierra son los más satánicos. Esto se aplica a financieros, industriales, papas, poetas, dictadores y todos los formadores de opinión y mariscales de campo de las actividades del mundo.*

Napoleón Hill también escribió un libro llamado *Burlando al diablo*, donde presenta de forma satírica al diablo como expositor de sus estrategias de sabotaje humano. En la narración el diablo comienza diciendo que controla las mentes del 98% de la gente. ¿Estaría tácitamente implicando que el 2% superior, representan a Dios?

El autor sí que hace un buen trabajo en enmarcar la manera escurridiza y sutil de torcer la verdad. Incluso en este libro es de hecho, el padre de toda mentira. El diablo continúa diciendo: *Mi oposición (Dios), controla pensamientos positivos y yo pensamientos negativos*. El autor claramente piensa que el bien y el mal son mutuamente exclusivos, de valor similar en poder en ambos lados poniéndose al nivel del Creador. Por este error Lucifer fue expulsado de la presencia de Dios. Mientras la entrevista continua, el atento entrevistador se cree más astuto que el mismo diablo al hacer que revele sus secretos.

Con estos libros creativamente escritos, divertidos o con alta dosis de generosidad e inspiración, Napoleón Hill nos da una clara indicación de su lugar espiritual. También es claro en hacer una cosa bien, alimentar la motivación de adquirir nuestros deseos y todo lo demás es secundario, incluyendo a Dios.

Por supuesto que nadie que ha sido influenciado por esta detallada obra, duda de las buenas intenciones del autor, porque al parecer su deseo de ayudar es genuino. Esto escribió en otro de sus libros llamado *Éxito*: *Quiero ser más feliz este año que el año pasado, no adquiriendo más bienes mundanos, aunque podría usarlos en mi beneficio, sino sirviendo a los demás y brindando mayor felicidad a los miembros de mi familia inmediata y mis amigos personales.*

Ese mismo fue el altruismo demostrado por quien lo contrató para embarcar este estudio, uno de los hombres más ricos y poderosos del siglo XIX. El industrialista y magnate Andrew Carnegie, autor de *Evangelio de la riqueza*. De quien su vida sería una gran paradoja, abiertamente ateo hasta los últimos días de su vida. Fue el mejor ejemplo de gran generosidad y filantropía de la historia, al gastar la segunda mitad de su vida donando lo obtenido en la primera. Abrió cerca de 1700 bibliotecas en América y al mismo tiempo rechazaba toda deidad. Decía: *No creo en Dios. Mi Dios es el patriotismo. Enséñale a un hombre a ser un buen ciudadano y habrás resuelto el problema de la vida.* Mezclar lo correcto con el error no lo convierte en lo correcto.

Ya sabemos que lo muy parecido a la verdad puede ser mortal:

> *"Mas evita profanas y vanas palabrerías, porque conducirán más y más a la impiedad. Y su palabra carcomerá como gangrena" (2Ti. 2:16,17).*

Es importante distinguir nuevamente que no todas las personas con riqueza y poder viven en la impiedad. Dios en su soberanía le da y fortalece a quien Él escoja. De hecho, quizás si Napoleón Hill hubiese entrevistado al rey Salomón, el hombre más rico de la historia, a través de una lectura y estudio minucioso de Proverbios y Eclesiastés, entonces hubiese evitado escribir el llamado Evangelio del Éxito. Este libro ha sido la raíz y cimiento para un sinnúmero de falacias antropológicas, dando fuerza en el último siglo a movimientos en todas las ramas del desarrollo humano. Sus ideas han hecho metástasis en campos de ética social, en la política y hasta en la teología, en una forma de espiritualidad. Partieron del egocentrismo, amplificado por la psicología humanista de Abraham Maslow y Carl Rogers, quienes introdujeron la jerarquía o pirámide de autorrealización, navegando en un ecosistema de auto- todo, autoestima, autovalidación, autoconciencia y autosuficiencia.

Estas ideas pusieron el amor propio como prerrequisito para amar todo lo demás, poniendo nuestros deseos como centro del universo. Adquirir lo que deseemos, hacer lo que queramos y ser apartados de la voluntad de Dios para nuestras vidas, aunque en el proceso demos más limosnas a los pobres. Esto último no es más que trapos de inmundicia. Este libro, *Piense y hágase rico*, y su ramificación deben continuar siendo expuestas a la luz, porque han sido objeto de idolatría por grandes figuras que predican la ley de la atracción. Ellos abiertamente veneran el valor enérgico de su composición física Como una reliquia.

Lamentablemente no es más que un artefacto creado por Satanás para que apuntes demasiado bajo y aciertes. Atrapan a muchos manteniéndolos cautivos, atrincherados, para que no alcancen salvación ni la verdadera riqueza del reino de Dios, a menos que examinen su fe y corran a la luz.

Examina tu fe

Esto no es una denuncia en contra de la prosperidad y el éxito, o si es acorde con la voluntad de Dios. No es tampoco una lucha contra oradores y entrenadores, porque no es una lucha contra carne ni sangre:

> *"Porque no tenemos lucha contra sangre y carne, sino contra principados, contra potestades, contra los gobernadores de las tinieblas de este siglo, contra huestes espirituales de maldad en las regiones celestes" (Ef. 6:12).*

Muchos también son engañados y atrapados en este sistema, pero al enseñar esto, sabiéndolo o no, se convierten en cómplices. Por esto, he aquí la necesidad de nombrar algunos de los que iniciaron esta cadena en la primera mitad del siglo XX, para que los eslabones actuales sean rescatados del fuego (Jud. 22,23). Para que no perezcan por falta de conocimiento (Os. 4:6). Es una exhortación para un examen profundo y evaluar si se encuentran en la verdad (2 Cor 13:5). Comenzando con la correcta interpretación de la Biblia, con lentes centrados en el Creador y no en uno mismo, para redescubrir lo que Dios nos enseña con su Palabra anunciada y escrita.

Algunas de las principales líneas torcidas que emergieron del movimiento idealista del amor propio y autoestima, han cambiado poco a poco los ídolos y el becerro de oro por el hombre en el espejo, el dios *yo*. Muchos de los llamados principios del éxito que alimentan a ese ídolo nos rodean por todas partes y son como música para los oídos, suplantando la verdad del carácter de Dios como rey soberano y verdadero Dios:

—No importa dónde te encuentres en la vida, aún puedes ser lo que tu deseas ser. Napoleón Hill.

—Aprende a disfrutar cada minuto de tu vida. Sé feliz ahora. No esperes a que algo externo a ti mismo te haga feliz en el futuro. Earl Nightingale.

—Independientemente de lo que sea o haya sido, aún puede convertirse en lo que usted quiere ser. W. Clement Stone.

—Darse a uno mismo es la única forma de convertirse en uno mismo. Earl Nightingale.

—¡Crea en usted mismo! ¡Tenga fe en sus habilidades! Sin una confianza humilde pero razonable en sus propios poderes, no puede tener éxito ni ser feliz. Norman Vincent Peale

Vemos claramente cómo estos mensajeros del poder del pensamiento nos invitan a enfocarnos en nuestra voluntad. Pero la Biblia nos dice que la voluntad de Dios sobre nosotros es lo que debemos desear hacer. Ser sumisos a su voluntad, no la nuestra. Con deseo, no por fuerza.

En la epístola de Pablo a los Efesios nos da un marco muy claro de esto:

> *"Yo pues, preso en el Señor, os ruego que andéis como es digno de la vocación con que fuisteis llamados, con toda humildad y mansedumbre, soportándoos con paciencia los unos a los otros en amor... Esto, pues, digo y requiero en el Señor: que ya no andéis como los otros gentiles, que andan en la vanidad de su mente... Sed, pues, imitadores de Dios como hijos amados. Y andad en amor, como también Cristo nos amó, y se entregó a sí mismo por nosotros, ofrenda y sacrificio a Dios en olor fragante... sirviendo de buena voluntad, como al Señor y no a los hombres, sabiendo que el bien que cada uno hiciere, ese recibirá del Señor, sea siervo o sea libre" (Ef. 4:1,2, 17; 5:1,2; 6:7,8).*

¿Qué consecuencias trae adorar a un dios falso? Una falsa esperanza. Suplantar la voluntad de Dios al creer en uno mismo.

El egocentrismo es sin duda lo más nefasto que Satanás ha podido imponer sobre la humanidad, con amarras tan fuertes y duraderas para muchos casi imposible de superar. Al defraudar a nuestro dios *yo,* al no conocer que el único sustento y verdadera esperanza vienen de Dios, en muchos casos no se ve otra salida que la renuncia a la vida misma.

No es sorpresa escuchar que la causa número uno de muerte entre personas de 15 a 49 años es el suicidio y entre las primeras diez causas de muerte entre las demás edades. No es coincidencia que sean generaciones influenciadas por el sistema de amor propio.

¿Quién en el mundo puede salvarse? Algunos preguntaron. Jesús los miró fijamente y dijo: *Hablando humanamente, es imposible. Pero no con Dios. Todo es posible con Dios.*

Del mismo modo, al Satanás convencer a la humanidad que Dios trabaja para nosotros para traerle ofrendas al dios *yo,* es la telaraña más eficaz y paulatinamente tejida para atraparnos sin darnos cuenta. Cuando simplemente llamarlo por otro nombre con atributos que encajen su nueva descripción, a un ser abstracto e impersonal que muchos hemos llamado como *el universo*, esa fuerza cósmica a la cual le pedimos, creyendo y esperando manifestar exactamente lo que hemos visualizado y decretado, recibiendo y agradeciendo al *gran electrón.* Suena como el ayudante conveniente que cumple con todas las necesidades. Partiendo de que una verdad adulterada puede tener veneno para ratas, tenemos que volver a visitar dos puntos importantes.

Primero, tomar atributos de Dios y sus leyes universales y unirlas con sistemas de autogobierno no nos hacen justos.

Todo lo contrario, esto es exactamente lo que hizo Lucifer en su ambición y le costó la expulsión del reino.

¡Dios no trabaja para nosotros! Los seres humanos como creación, debemos estar al servicio de nuestro Creador y hacer su voluntad, comenzando con la claridad de su primer y grande mandamiento:

> *"Amarás al Señor tu Dios con todo tu corazón, y con toda tu alma, y con toda tu mente. Y el segundo es semejante: Amarás a tu prójimo como a ti mismo. De estos dos mandamientos depende toda la ley y los profetas" (Mat 22:36-40).*

Si tu Dios es el Dios de Abraham, Isaac y Jacob, encarnado en Cristo Jesús, entonces esto no debes dudar.

El segundo punto es la mala interpretación de las Escrituras al tratar de dar credibilidad y validez al engaño astuto de la estrategia de oradores motivacionales. Estas estrategias han sido altamente abusadas en la mayoría de sus libros de prosperidad, tomando partes de la Biblia para encajar con la religión del dios *yo*, con ayuda del *Universo* y hacen sus teorías casi infalibles, cuando en realidad fueron adulteradas y sacadas de contexto.

Por ejemplo, tomando este último texto de Mateo 22:36-40, la filosofía humanista descansa en la premisa de que el segundo mandamiento, *amaras a tu prójimo como a ti mismo*, se refiere a tener que amarse primero antes que amar a Dios y a los demás. El autor Walter Trobisch dice: *El amor propio es el requisito previo y el criterio para nuestra conducta hacia el prójimo. Esto arroja nueva luz sobre el mandamiento que Jesús enfatizó como de importancia junto al amor a Dios.* Quiso decir entonces que en el último siglo se pudo interpretar correctamente lo que claramente la Biblia no dice. Trobisch añade: *No puedes amar a tu prójimo, no puedes amar a Dios a menos que primero te ames a ti mismo ... sin amor propio no hay amor por los demás.*

En realidad, en ninguna parte de la Biblia existe un mandamiento de amarse a uno mismo. Como dice el autor y consejero cristiano Jay E. Adams: *Toda la Escritura se puede colgar de dos clavijas: ama a Dios, ama a tu prójimo. Sin embargo, la gente de la autoestima hace tres mandamientos de los dos de Cristo. No hay absolutamente ninguna excusa para tratar las Escrituras de esta manera.* Adams continua: *El mandamiento es amar a tu prójimo como ya te amas a ti mismo ... el mismo amor propio que presupone Jesús también se presupone en el argumento de Pablo en Efesios 5:28,29 donde insta a los maridos a amar a sus esposas como amas [estás amando] su propio cuerpo.* Continúa diciendo: *Nadie odió jamás su propia carne, sino que la nutre y la cuida, así como Cristo también lo hace con la iglesia. En otras palabras, todo el argumento de Pablo gira en torno al hecho de que ya mostramos amor por nosotros mismos.*

Veamos otros ejemplos de la mala interpretación. Pedirle al *universo* y sustituir la verdadera fe por la *nueva era* y la *ley de la atracción:*

> *"Pedid, y se os dará; buscad, y hallaréis; llamad, y se os abrirá. Porque todo aquel que pide, recibe; y el que busca, halla; y al que llama, se le abrirá" (Mt. 7:7,8).*

Por lo general, este es el final del texto y parece muy práctico pedirle al *cosmos*. Pero al continuar leemos:

> *¿O quién de ustedes, si sus hijos le piden pan, le dará una piedra? ¿O si le pide un pescado, le dará una serpiente? Entonces, si ustedes, que son malos, saben dar buenos regalos a sus hijos, ¡cuánto más su padre que está en los cielos dará bienes a los que se lo pidan! (Mt. 7:9-11).*

Aquí, por ejemplo, no se refiere pedirle al *gran electrón* lo que hemos pegado en el tablero de visualización, sino lo que pidamos a nuestro Padre, a un Dios personal que tiene un nombre y está hablando directamente con sus hijos, aquellos que creen y reciben a Cristo. Los verdaderos creyentes no piden con ambiciones egoístas o codicia, sino según su voluntad:

> *"Pedís, y no recibís, porque pedís mal, para gastar en vuestros deleites" (Stg. 4:3).*
>
> *"Si permanecéis en mí, y mis palabras permanecen en vosotros, pedid todo lo que queréis, y os será hecho" (Jn. 15:7).*
>
> *"Y todo lo que pidiereis al Padre en mi nombre, lo haré, para que el Padre sea glorificado en el Hijo. Si algo pidiereis en mi nombre, yo lo haré" (Jn. 14:13,14).*
>
> *"Por nada estéis afanosos, sino sean conocidas vuestras peticiones delante de Dios en toda oración y ruego, con acción de gracias" (Fil. 4:6).*
>
> *"Hasta ahora nada habéis pedido en mi nombre; pedid, y recibiréis, para que vuestro gozo sea cumplido" (Jn. 16:24).*

> *"Mas buscad primeramente el reino de Dios y su justicia, y todas estas cosas os serán añadidas" (Mt. 6:33).*

Observa el énfasis *todo lo que pidan en mi nombre, si permanecen en mí, pongan primero el reino de Dios.* Cualquiera que use la Biblia para afirmar que Dios te da como te plazca y aplicar la ley de la atracción, está mintiendo.

¿Entonces quien responde por tus peticiones y deseos de riquezas? ¡Exacto!, ¡el padre de la mentira!

> *"Otra vez le llevó el diablo a un monte muy alto, y le mostró todos los reinos del mundo y la gloria de ellos, y le dijo: Todo esto te daré, si postrado me adorares. Entonces Jesús le dijo: Vete, Satanás, porque escrito está: Al Señor tu Dios adorarás, y a él sólo servirás" (Mt. 4:8-10).*

Existen muchas alegorías para justificar el querer adquirir nuestros deseos ardientes del materialismo, pero es claro en todas las Escrituras que, al encontrar la puerta estrecha, el concepto de riqueza cambia.

El dr. John Barnett dijo: *No es que el 10% pertenezca a Dios y yo obtengo el otro 90%. Es que el 100% pertenece a Dios. Y mi objetivo en la vida no es ver cuánto del dinero que Dios me ha dado en abundancia puedo gastar, sino cuánto puedo poner a su disposición. Pensar en aprovechar cada centavo para poder tener la casa más grande y el coche más nuevo es un pensamiento muy impío mas no bíblico. Es americano, pero no bíblico.*

> *"Porque tú dices: Yo soy rico, y me he enriquecido, y de ninguna cosa tengo necesidad;*

y no sabes que tú eres un desventurado, miserable, pobre, ciego y desnudo" (Ap. 3:17).

"El hermano que es de humilde condición, gloríese en su exaltación; pero el que es rico, en su humillación; porque él pasará como la flor de la hierba" (Stg. 1:9,10).

"El que ama el dinero, no se saciará de dinero; y el que ama el mucho tener, no sacará fruto. También esto es vanidad" (Ecl. 5:10).

"...les dijo: Mirad, y guardaos de toda avaricia; porque la vida del hombre no consiste en la abundancia de los bienes que posee" (Lc. 12:15).

"Ningún siervo puede servir a dos señores; porque o aborrecerá al uno y amará al otro, o estimará al uno y menospreciará al otro. No podéis servir a Dios y a las riquezas" (Lc. 16:13).

Reflexionemos entonces que, aunque a nuestro alrededor se reconozca el valor de una persona con manifestaciones físicas del éxito, debemos en todo momento tener presente que somos seres espirituales y no de la carne. Nuestra vida en realidad apenas comienza, al preocuparnos o afanarnos por conseguir cosas hoy o en treinta años, es apuntar a un blanco puesto muy bajo, que se esfuma como el vapor. Al tratar de controlar nuestros pensamientos para atraer gente, o situaciones llegará el día en que pensamientos no podrán atraer salud y en total angustia moriremos. Pero si apuntamos nuestra mente a las cosas de Dios entonces estaremos dirigiendo nuestros pensamientos correctamente.

Todos tenemos la misma elección de complacer o la carne, o sea el dios *yo*, o complacer al Dios verdadero. Debemos escoger correctamente. Si a Él le complace también te dará los deseos de tu corazón. Porque vivimos en la economía del cielo, herederos de la promesa, y si herederos, entonces somos inmensurablemente llenos de la abundancia que ofrece nuestro Padre celestial.

> *"Digo, pues: Andad en el Espíritu, y no satisfagáis los deseos de la carne" (Gá. 5:16).*

> *"Poned la mira en las cosas de arriba, no en las de la tierra. Porque habéis muerto, y vuestra vida está escondida con Cristo en Dios. Cuando Cristo, vuestra vida, se manifieste, entonces vosotros también seréis manifestados con él en gloria" (Col. 3:2-4).*

> *"Pon tu delicia en el Señor, y Él te dará las peticiones de tu corazón" (Sal. 37:4).*

Leamos nuevamente y meditemos en el pasaje de Mateo, lo que Dios nos dice acerca de las preocupaciones y de nuestras necesidades:

> *"Por tanto os digo: No os afanéis por vuestra vida, qué habéis de comer o qué habéis de beber; ni por vuestro cuerpo, qué habéis de vestir. ¿No es la vida más que el alimento, y el cuerpo más que el vestido? Mirad las aves del cielo, que no siembran, ni siegan, ni recogen en graneros; y vuestro Padre celestial las alimenta. ¿No valéis vosotros mucho más que ellas? ¿Y quién de vosotros podrá, por mucho que se afane, añadir a su estatura un codo? Y por el vestido, ¿por qué os afanáis? Considerad los lirios del campo,*

cómo crecen: no trabajan ni hilan; pero os digo, que ni aun Salomón con toda su gloria se vistió así como uno de ellos. Y si la hierba del campo que hoy es, y mañana se echa en el horno, Dios la viste así, ¿no hará mucho más a vosotros, hombres de poca fe? No os afanéis, pues, diciendo: ¿Qué comeremos, o qué beberemos, o qué vestiremos? Porque los gentiles buscan todas estas cosas; pero vuestro Padre celestial sabe que tenéis necesidad de todas estas cosas. Mas buscad primeramente el reino de Dios y su justicia, y todas estas cosas os serán añadidas" (Mt. 6:25-33).

¿El fin justifica los medios?

Por otro lado, existe la literatura que no intenta enmascarar la mentira, sino simplemente alimenta al ego con consejos directos, sin reservas y que no se distinguen al estar en la oscuridad. Es decir, si no conocemos a Dios, el cómo, es totalmente indiferente a quien consigue lo que quiere. Frases como *el fin justifica los medios* tiene raíz en la filosofía política, que a partir del renacimiento tomó un enfoque antropocéntrico. Este es claramente el inicio de los movimientos que nos desvinculan hoy en día de la ley moral de la Palabra de Dios.

En el libro *El príncipe*, Niccholo Machiavlli afirma: *Cualquier hombre que trate de ser bueno todo el tiempo está destinado a arruinarse entre el gran número de los que no lo son. De ahí que un príncipe que quiera mantener su autoridad debe aprender cómo no ser bueno, y usar ese conocimiento, o abstenerse de usarlo, según lo requiera la necesidad... Nunca intente ganar por la fuerza lo que se puede ganar mediante el engaño.*

Vemos claramente que la naturaleza de alcanzar el poder con principios *machiavelicos* implica *salirse con la suya*. Coincide con *haz lo que quieras*. Tener *cart blanche* para hacer lo que sea necesario siempre y cuando lo consigas. Ya sabemos quién está detrás de todo esto.

Si la religión del *universo* se activa como queramos o pensemos, entonces puede pasar por alto cualquier mentira, al culpar a otros por proteger el ego. De acuerdo con esta regla, estás solo a una mentirijilla más cerca para obtener más éxito. El *echar a alguien al agua* o tomar el crédito por una ganancia rápida, no debería tener mayores consecuencias. Es aquí donde la tentación no tiene resistencia, una conciencia cauterizada ya no puede detectar el pecado, una completa y total obra del diablo. Comportamiento que se puede disfrazar y maquillar con aparente decencia y ética moral. Muestra actos de bondad al azar, muy bien vista en la política, en las juntas directivas. También prolifera en la industria del entretenimiento como Hollywood, la música y el deporte, donde no importa cómo, lo importante es ganar para el deleite de sí mismos y las masas.

Cualquier norma de moralidad de quienes practican tales principios no es mejor intencionada que la de los malvados que motivaron a Asaf a escribir el Salmo 73. Ellos actuaron como si fueran inmortales, sin consideración por los demás ni por su propia muerte. Así acumularon, controlaron, lograron, ganaron y vivieron hasta la edad de cien años, pero al final recibieron el destino de los impíos: *"Porque no tienen congojas por su muerte, pues su vigor está entero. No pasan trabajos como los otros mortales, ni son azotados como los demás hombres. Por tanto, la soberbia los corona;*

se cubren de vestido de violencia. Los ojos se les saltan de gordura; logran con creces los antojos del corazón. Se mofan y hablan con maldad de hacer violencia; hablan con altanería. Ponen su boca contra el cielo, y su lengua pasea la tierra. He aquí estos impíos, sin ser turbados del mundo, alcanzaron riquezas. Si dijera yo: Hablaré como ellos, he aquí, a la generación de tus hijos engañaría. Cuando pensé para saber esto, fue duro trabajo para mí, hasta que entrando en el santuario de Dios, comprendí el fin de ellos. Ciertamente los has puesto en deslizaderos; en asolamientos los harás caer. ¡Cómo han sido asolados de repente! Perecieron, se consumieron de terrores".

Un sobrio recordatorio que absolutamente nada quedará impune en la vida de los que se jactan de lo adquirido por medio del mal.

No le creas al gurú, cree en Cristo

¿Música para los oídos? No lo creo. Es molesto afirmar que todos estos autores de libros y pensamientos motivacionales y sus principios son incorrectos. Este no es un mensaje para sentirse bien, o los 10 pasos del *cómo hacer*, a los que estaba acostumbrado. Aprendí por las malas que inflar nuestra propia burbuja puede tener un estallido devastador con repercusiones duraderas.

Pero me quedó claro que Dios no puede ser burlado al tratar de ponernos a nosotros mismos de primero, porque no solo le desagradan los orgullosos, sino que además los resiste. *"Pero él da mayor gracia. Por esto dice: Dios resiste a los soberbios, y da gracia a los humildes"* (Stg. 4:6).

Por lo tanto, esto no es una denuncia contra seres humanos caídos e influenciados por Satanás, pero sí un grito desesperado para que examinen su fe y rechacen toda falsa enseñanza. Que no naveguen en dos mundos, sirviendo a dos amos, que cada orador y estudiante no sean sutilmente manipulados por el padre de la mentira y sus esquemas usados para su agenda de sabotear el plan de Dios.

> *"Porque no tenemos lucha contra sangre y carne, sino contra principados, contra potestades, contra los gobernadores de las tinieblas de este siglo, contra huestes espirituales de maldad en las regiones celestes" (Ef. 6:12).*

Debo admitir que hoy en día aun veo videos de oradores motivacionales para con curiosidad ver la dirección que toman, la nueva adición al coctel de sabiduría para enseñar a otros. No puedo evitar preguntarme qué tan bueno sería si esos entusiastas motivadores tuvieran la misma pasión para compartir el evangelio de Cristo y culminar sus frases clave con: *¡Sigue a Jesucristo!* Preguntan: *¿Sabes cómo tener el mejor año de tu vida? ¿Sabes lo que te estás perdiendo? ¿Sabes cómo lograr la plenitud? ¡Sigue a Jesucristo!* Ciertamente todo sería diferente.

Pero en contraste hay lobos con piel de oveja de los que se espera lo contrario. Son verdaderos estafadores, están haciendo el trabajo del diablo y lo saben. Están predicando un evangelio de prosperidad torciendo las Escrituras para beneficio personal. Los falsos maestros no tendrán excusa y *"recibirán un juicio más severo"* (Stg. 3:1).

Capítulo 10

Callejones sin salida

Sin duda una de las ventajas que poseen las personas de alta productividad e impacto radica en la disminución de tiempo invertido en distracciones, como el entretenimiento, o la alusiva búsqueda constante del significado de la vida. Estas personas no gastan el tiempo en seguir flechas y señales de desvío hacia callejones sin salida, las industrias creadas por Satanás para su propósito ***de hurtar y matar y destruir*** (Jn. 10:10).

Tomando nuevamente la mentalidad judía, a quienes les fue confiada la Palabra de Dios como leemos en Romanos 3:2 y recibieron el *download* de principios para la vida práctica. Saben con certeza la totalidad de la soberanía de un solo Dios. Con una mentalidad fija en asuntos del espíritu no hay lugar para estrellas ambulantes, o sueños despiertos con vanas ilusiones. Están cimentados en el origen, la ley moral y el propósito de la vida, que es para ellos el servicio a Dios, con una confianza inquebrantable en la Palabra. En un mundo que idolatra, desde celebridades hasta los astros dedicando incontable cantidad de tiempo y recursos en forma de espiritualidad para alcanzar la realización, hace de los creyentes del Dios de Israel claramente aventajados en recursos y tiempo. No obstante, aún deben recibir el mensaje de la gracia de Dios para salvación.

Mas a quienes deambulamos en callejones sin salida, escuchando *cuentos de viejas* nos llenamos de fantasías y delirios en formas erróneas de espiritualidad. Son en realidad poluciones mentales, creencias torcidas que el mundo consume, las cuales poseen algo de verdad superficial, pero son putrefactas en lo fundamental. Cargas innecesarias que existen para dar nuestra devoción a sistemas de sabiduría convencional que van poco a poco expandiendo nuestra tendencia al pecado, normalizándolo, anestesiando y cauterizando nuestra conciencia.

> *"Y no participéis en las obras infructuosas de las tinieblas, sino más bien reprendedlas; porque vergonzoso es aun hablar de lo que ellos hacen en secreto. Mas todas las cosas, cuando son puestas en evidencia por la luz, son hechas manifiestas; porque la luz es lo que manifiesta todo" (Ef. 5:11-13).*

En mi búsqueda de más de tres décadas ciertamente llevé un bulto pesado de algunas de estas obras infructuosas, estacionándome en lo que convenía en su momento.

Solo me di cuenta del mucho tiempo, energía y personas que había perdido, ahora con un conocimiento en crecimiento, pero suficiente para dejarlas caer, libérame de la mentira sistemática. Eran estafas de Satanás y sus religiones de origen babilónico, que dan más importancia a las tradiciones y dogmas establecidos por hombres, que tener una relación directa con Dios. también hay otro tipo de religiones que, aunque parezca contradictorio el tema central no es siempre el de descalificar y negar la existencia de Dios. Estas, las considero religiones porque pretenden dar respuestas a preguntas existenciales y poseen su propia asamblea o cuerpo de creyentes.

El diccionario Webster encapsula varias definiciones de la palabra religión que incluyen: *El servicio y la adoración de Dios o lo sobrenatural. Una causa, principio o sistema de creencias sostenido con ardor y fe.*

Con estos conceptos entonces, hago referencia a creyentes de una deidad, pero también, a creyentes de otras filosofías o conceptos con ardor y fe. Aunque estas creencias no son necesariamente pontificadas por oradores motivacionales, están inherentemente envueltas por presuposiciones aprendidas en los sistemas que nos gobiernan y son ciertamente ajenas a la Palabra de Dios que para el hombre natural despertará incomodidad. Es necesario denunciar algunas con el objetivo de exhortar a escudriñar las Escrituras, para poder discernir las espinas de palabrerías enmascaradas de sabiduría. Para poder también escapar de toda estafa espiritual y no perder un segundo de tiempo, energía, dinero, perder a seres queridos, y aún más, la salvación.

Evolucionismo

Creo que todos los que hemos nacido y crecido en ambientes normales, de una forma u otra hemos sido influenciados por la teoría de la evolución. Un adoctrinamiento que lamentablemente no tiene nada que ver con la verdadera ciencia, la intención del conocimiento. La ciencia busca describir y exponer la creación de Dios, pero al separarla del Creador se convierte en una plataforma para que científicos creen todo tipo de poluciones mentales. Formulan muchas hipótesis que son *inocentes hasta que se demuestre lo contrario* y persistan por mucho tiempo. Crean un paradigma que induce a la creación de currículos educativos. Llevan a generaciones completas a creer teorías que no deberían llamarse ciencia, sino ciencia ficción. La religión actual más destructiva en la historia de la raza humana se le llama teoría de la evolución.

La *r-evolución* darwiniana tiene lagunas insuperables que la invalidan por completo. Falta de formas transicionales en el registro fósil. Imposibilidad de que las mutaciones sirvan como bloques de construcción evolutivos. Lógica defectuosa de la teoría de la selección natural. La asombrosa falta de pruebas de los hombres-mono. Finalmente, la imposibilidad matemática de que la vida comience por sí misma.

El evolucionismo ha distorsionado absolutamente el sistema educativo y la perspectiva de la humanidad durante más de 150 años. Hay tanto que decir acerca de esta distorsión que requiere reprogramación y reeducación generacional solo para considerar superar esto. Esta teoría no solo confunde, sino que contradice sus propias posiciones. Todas estas comienzan con una fe ciega, una religión que cree que de alguna manera un cuerpo humano fue creado por casualidad y miles de millones de años de mutaciones. El diablo una vez más nos distrajo y nos desvió de la búsqueda y relación con Dios. Ha hecho que científicos, maestros y legisladores lleven esto al sistema educativo y alejen a los niños de la verdad a una edad temprana. Provocan el ver a Dios realmente lejos, a millones de años, desde el *big-bang*. Un Dios indiferente e impersonal, porque evolucionamos de bacterias. Un Dios amoral, sin Espíritu Santo. Finalmente, un Dios inexistente, porque afirma que nada creó todo.

¿Ves el problema? Los científicos demuestran fe y recurren a la imaginación para afirmar que los humanos provienen de una sopa cósmica. Sin embargo, esta teoría por sí sola no ha contribuido a nada a la ciencia. No puede, porque no es verdadera.

El profesor Louis Bounoure dijo: *La evolución es un cuento de hadas para los adultos. La teoría no ha ayudado en nada al progreso de la ciencia. Es inútil.*

El Dr. Karl Popper, destacado filósofo de la ciencia expresó: *La evolución no es un hecho. La evolución ni siquiera califica como teoría o como hipótesis. Es un programa de investigación metafísica y no es realmente una ciencia comprobable.*

El Dr. Kent Hovind en su seminario de creación declara: *Creemos que la teoría de la evolución es la religión más tonta y peligrosa de la historia del mundo.*

La evolución no es bíblica. Por otro lado, no todos los científicos practican el evolucionismo. James Tour, un nano-científico enuncia: *Solo un novato que no sepa nada de ciencia diría que la ciencia le quita a la fe. Si realmente estudias ciencia, te acercará más a Dios.*

El Dr. D Russell Humphreys, físico nuclear, afirma: *Utilizando un enfoque estadístico simple, calcularía de manera conservadora que solo en los Estado Unidos, hay alrededor de 10 mil científicos profesionales en ejercicio que creen abiertamente en la creación reciente de seis días.* Haciendo referencia a la creación de Dios.

No todos los científicos creen en la evolución, pero pueden correr el riesgo de posibles implicaciones profesionales si la desacreditan abiertamente. En el documental *Expelled,* Ben Stein hace una descripción clara de las consecuencias de esta *tiranía antisistema.* ¿Cuáles son las consecuencias espirituales de enseñar al mundo las tonterías de la teoría de la evolución? No hay absolutos: todo el mundo evoluciona y varía, un relativismo moral. No hay un Satanás ni demonios, entonces no hay malas acciones, solo preservación. No hay que rendir cuentas, no hay infierno, ni la ira de Dios, por ende, no hay necesidad de obedecer más allá de la ley constitucional. No hay vida después de la muerte, así que, no hay necesidad de salvación o de un Salvador.

Si nos subscribimos a la teoría de evolución, estamos apuntando a seguir al príncipe de este mundo, Satanás. Sus falsos maestros están activos para engañarnos y mantenernos alejados de la verdad de Dios. ¡Cuídate a ti y a tus hijos de la teoría de la evolución y sus maestros! Si quiere conocer más de este tema le recomiendo el libro *La ciencia ¿encuentra a Dios?* de Antonio Cruz.

Ateísmo

Así como una pintura atestigua que hubo un pintor, un edificio es una prueba del constructor, un reloj es una prueba de que hay un relojero; la creación es evidencia de un creador. El diseño exige un diseñador. El ateísmo, es intrínsecamente evolucionista, por lo tanto, en cierto sentido, esa es su religión sin admitirlo. El ateísmo no es la antítesis del teísmo, pues no tienen una causa o teoría reemplazante, no poseen una explicación clara del origen de universo.

Pero lo que sí saben, también sin admitirlo, es que hay un Dios y un Creador:

> *"Porque las cosas invisibles de él, su eterno poder y deidad, se hacen claramente visibles desde la creación del mundo, siendo entendidas por medio de las cosas hechas, de modo que no tienen excusa. Pues habiendo conocido a Dios, no le glorificaron como a Dios, ni le dieron gracias, sino que se envanecieron en sus razonamientos, y su necio corazón fue entenebrecido. Profesando ser sabios, se hicieron necios" (Ro. 1:20-22).*

El ateísmo militante, reprime al Dios que saben que existe. Recurren a todo tipo de acrobacias mentales para defender lo indefendible, cuando aun viendo la creación, niegan el diseño inteligente de Dios quien creo todo, desde la complexidad del ojo humano, y el laboratorio químico de la hoja verde, hasta cada una de las estrellas y misterios del cosmos. No podemos ser tan ingenuos para pensar que el asar compuso una y otra vez, la formula perfecta para todo lo que *fue hecho*.

> *"Los cielos cuentan la gloria de Dios, y el firmamento anuncia la obra de sus manos" (Sal. 19:1).*

> *"Todas las cosas por él fueron hechas, y sin él nada de lo que ha sido hecho, fue hecho" (Jn. 1:3).*

> *"Porque Jehová es Dios grande, y Rey grande sobre todos los dioses. Porque en su mano están las profundidades de la tierra, y las alturas de los montes son suyas. Suyo también el mar,*

pues él lo hizo; y sus manos formaron la tierra seca" (Sal. 95:3-5).

Partiendo de la postura de que Dios nos creó con un propósito, las causas del rechazo de un ateo a Dios es realmente lo que se debe confrontar. El reconocido ateo Richard Dawkins en su libro *The God delusion* sugiere: *Se puede decir que el Dios del Antiguo Testamento es el personaje más desagradable de toda la ficción: celoso y orgulloso; un fanático del control mezquino, injusto e implacable; un limpiador étnico vengativo y sanguinario; un matón misógino, homófobo, racista, infanticida, genocida, filicida, pestilencial, megalómano, sadomasoquista, caprichosamente malévolo.*

Este no suena como alguien que no cree en algo, sino que lo detesta y lo resiente. El ateo se rehúsa a participar de ese plan para ceder a los deseos físicos y extravíos mentales. Un Dios omnipresente es incómodo e inconveniente.

El Ateo exige evidencias, pero se reúsa a ver lo que es claro. Como quien se considera entusiasta de la natación, pero nunca se lanza a la piscina. O el paracaidista que se reúsa a saltar. Así también es el ateo al no intentar navegar en el ámbito de fe y no dar el paso para comprobarlo. Solo su rebeldía los satisface y de no rendir cuentas a nadie.

Lo mismo es cierto con el ateísmo apático y pasivo, que al preguntarle si saben si Dios existe y si es importante creer, responden: *No lo sé y no me importa.*

> *"Dice el necio en su corazón: No hay Dios. Se han corrompido, hacen obras abominables; no hay quien haga el bien" (Sal. 14:1).*

Si quiere ahondar más en el tema le recomiendo leer: *I don't have enough faith to be an atheist.*

Relativismo

La psicología humanista no solo intenta poner al *yo* primero para alcanzar riquezas, sino también que el mundo nos acepte tal cual y como somos. Al tener tal aceptación, todos también pueden ser aceptados y tratados como lo deseen y llegar a una utopía social.

Suena a sentido común y románticamente correcto, como la canción *Imagine* de John Lenon que traduce:

Imagina que no hay cielo
Es fácil si lo intentas
Ningún infierno bajo nosotros
Sobre nosotros sólo el firmamento
Imagina a todas las personas viviendo por el hoy
Imagina que no hay países
No es difícil de hacer
Nada por lo que matar o morir
Y sin religión también
Imagina a toda la gente viviendo la vida en paz,
Tú Puedes decir que soy un soñador
Pero no soy el único
Espero que algún día te nos unas
Y el mundo será como uno

¿No ves el problema? Al otro lado de esta moneda hay tensión y disputa. No por intenciones o el mandamiento de amarnos unos a otros, sino por las decisiones, normas y leyes establecidas. A fin de que todo funcione efectivamente, dando como resultado todo lo contrario. A medida que el mundo abraza una utopía de armonía y aceptación, también anula la corrección, la moralidad y la instrucción que encontramos en la Biblia.

La supuesta regla de platino establece: *Trata a otros como ellos desean ser tratados.* Es una distorsión de la regla de oro que cita:

> *"Así que, todas las cosas que queráis que los hombres hagan con vosotros, así también haced vosotros con ellos; porque esto es la ley y los profetas" (Mt. 7:12).*

La regla del platino es la regla principal del relativismo moral y la psicología humanista, a la vez que es un razonamiento falaz. Ellos fallan en aplicar lo que profesan, la tolerancia, porque no toleran a quien piensa diferente.

Por ejemplo, si alguien actúa como un gato, se identifica como gato y quiere ser tratado como un gato, ¿debería yo maullarle o silbarle para llamar su atención? De ninguna manera, y aunque él insista que es un gato no puede ser tratado como tal, ni aun por diversión. Este ejemplo sería chistoso de no ser por el reporte de una madre preocupada al escuchar que, en una escuela de Michigan, Estados Unidos, se ubicó una caja de arena para los niños que se identifican como *gatos*. Este rumor fue posteriormente desmentido. Pero levantó un polvorín político y en redes sociales.[5]

Este caso no es extraño a la dirección que el relativismo moral ha llevado a muchos a creer que son algo separados del diseño se Dios. Mientras escribo estas páginas, la distorsión se ha maximizado y proliferado con tanta frecuencia e intensidad por todo el mundo con absurdas ideologías. Dejan claro que no es producto tan solo de

---

5 https://toutu.be/VDrxwMA36qw Min:32:50

la ignorancia humana, sino que es un plan desatado por espíritus inmundos, en las manos de quienes obedecen en muchas industrias al dios de este mundo, Satanás.

Desde que se autorizó la salida de las Biblias de la educación e instituciones públicas en la segunda mitad del siglo pasado, en América la sabiduría de los sabios ha legalizado el aborto, la ideología de género, la pornografía, el uso de drogas altamente adictivas. Hoy, otros tantos extravíos de las pobremente regulada biotecnología e inteligencia artificial han seducido al humano a vivir en pecado apartado de Dios, a vivir en el callejón sin salida del relativismo moral. Han causado estadísticas que han llevado al país más próspero de mundo en una implosión paulatina a su más bajo nivel. Ha acelerado la depravación, divisiones sociales y abuso. Han causado altos índices de depresión y suicidio nunca visto hasta comienzos del año 2024. Miremos estas estadísticas:

Suicidio adolescente de 15 a 19 años, 100.000 intentos de suicidio al mes en los Estados Unidos. Cada 30 segundos un estudiante intenta suicidarse.

Abortos, 3288 al día. En Nueva York mueren más bebés que los que nacen.

Quien cree o busca la verdad, no puede participar en los programas del mundo que Dios condena. El mundo del entretenimiento se ha encargado de gran manera a propagar tal creencia, con mensajes propicios para que desde temprana edad aprendamos a seguir nuestros deseos:

"Siempre sentí que tenía que hacer las cosas que se esperaban de mí, o más importante, para agradar a la gente. ¡Al diablo con eso! Creo que de ahora en adelante voy a ser

solo yo: rico o pobre, bueno o malo, racional o irracional, lógico o ilógico, famoso o infame." Carl R. Rogers.

"Sigue tu corazón y tu intuición. De alguna manera ya saben en lo que realmente quieres convertirte. Todo lo demás es secundario." Steve Jobs.

Al igual que *do as thou wilt*, o *haz lo que quieras,* hemos sido programados para escuchar nuestras emociones y ponerlas por encima de todo. Es increíble cómo la programación actual en la industria del entretenimiento y hasta en agendas políticas incitan ampliamente a tener coraje de seguir los impulsos propios de la carne. Empujan a desafiar a la autoridad, a los padres y legalizar lo ilícito. Normalizan lo reprensible y pecaminoso al promover la continua búsqueda de una falsa utopía y que todos sigan su corazón.

No sigas tu corazón, sigue a Cristo.

> *"Engañoso es el corazón más que todas las cosas, y perverso; ¿quién lo conocerá?" (Jer. 17:9).*
>
> *"Fíate de Jehová de todo tu corazón, y no te apoyes en tu propia prudencia. Reconócelo en todos tus caminos, y él enderezará tus veredas" (Pr. 3:5,6).*

Cuando alguien está en error, sin condenación, sino en el amor de Cristo debe ser dicha la verdad, invitando a considerar su posición. Debe ser dirigido a confrontar el pecado para salvación. Cuando digo en el amor de Cristo, me refiero a hablar con la verdad plena, aunque duela o aflija, en amor, para la instrucción o corrección del oyente. Jesús lo ensenó con el ejemplo del joven rico que leemos nuevamente. Él se acercó a Jesús para tratar de impresionarle al decirle que guardaba los mandamientos.

> *"Él entonces, respondiendo, le dijo: Maestro, todo esto lo he guardado desde mi juventud. Entonces Jesús, mirándole, le amó, y le dijo: Una cosa te falta: anda, vende todo lo que tienes, y dalo a los pobres, y tendrás tesoro en el cielo; y ven, sígueme, tomando tu cruz. Pero él, afligido por esta palabra, se fue triste, porque tenía muchas posesiones" (Mr. 10:20-22).*

Jesús le amó y lo confrontó con una decisión, que no tiene nada que ver con la tolerancia que se pontifica en este tiempo. Este tipo de tolerancia como creencia es una falacia, porque la tolerancia aplicaría también a quienes sus leyes condenan su punto de vista. ¿Tolerarías a los que radicalmente se oponen y castigan tu manera de vivir? He aquí el error. Dios condena el pecado con muerte física y espiritual (Rom 6:23). ¿Debemos entonces apartarnos de Dios?

Todo lo contrario.

Debemos poner nuestra confianza en Cristo, quien nos libra de toda condenación. Debemos apartarnos del relativismo moral que suena políticamente correcto, pero no es bíblico. Si nos suscribimos a este programa, servimos al mundo, pero no a Dios. Como dijo Tomás de Aquino: *¿Como podemos vivir en harmonía? Primero tenemos que saber que todos estamos locamente enamorados del mismo Dios.*

Religiones con trasfondo babilónico

Cualquier religión que prescriba una serie de pasos para alcanzar la salvación, lejos de la gracia por medio de la fe en Cristo, no posee el espíritu de verdad. Ninguna. Todas son parte del sistema de Babilonia, como vemos en Apocalipsis 17. Establecen la unidad en la creencia de que la salvación está en el hacer del hombre, en las obras, en construir torres de Babel para alcanzar a Dios. Al profundizar en sus doctrinas, no solo no aparecen en la Biblia, sino que se oponen diametralmente a ella. Algunas religiones que, aunque monoteístas, añaden un orden de ideas y rituales, buscando en creencias anexas, pruebas tangibles para satisfacción propia como evidencias de su fe. Pero al ser expuestas por lo que realmente son, falsificaciones, llevan a la ira y celos a quienes la practican, siendo esto gran muestra del peso de la idolatría.

Las religiones son el intento del hombre para llegar a Dios. Trabajar arduamente para ser salvo por medio de las obras, pero esto no es bíblico.

> *"Porque por gracia sois salvos por medio de la fe; y esto no de vosotros, pues es don de Dios; no por obras, para que nadie se gloríe" (Ef. 2:8).*

Hay un solo camino y el objetivo de Satanás es que creamos alguna de sus religiones para apartarnos del camino estrecho de salvación. Debemos ser conscientes de esto y aun más de la exclusividad del evangelio.

Tradiciones de hombres

Jesús dijo:

> *"Pues en vano me honran, enseñando como doctrinas mandamientos de hombres. Porque dejando el mandamiento de Dios, os aferráis a la tradición de los hombres: los lavamientos de los jarros y de los vasos de beber; y hacéis otras muchas cosas semejantes... invalidando la palabra de Dios con vuestra tradición que habéis transmitido. Y muchas cosas hacéis semejantes a estas" (Mr. 7:7,8,13).*

> *"Mirad que nadie os engañe por medio de filosofías y huecas sutilezas, según las tradiciones de los hombres, conforme a los rudimentos del mundo, y no según Cristo" (Co. 2:8).*

La Biblia menciona la palabra tradición doce veces, once de ellas es para condenarlas. *"Mas si aun nosotros, o un ángel del cielo, os anunciare otro evangelio diferente del que os hemos anunciado, sea anatema. Como antes hemos dicho, también ahora lo repito: Si alguno os predica diferente evangelio del que habéis recibido, sea anatema"* (Gá. 1:8,9).

Satanás utiliza el orgullo y la ambición de los líderes religiosos al pensar tener una mejor opción para salvar a la humanidad por fuera de la Palabra de Dios. Por lo general ofrecen una tercera opción para dar confort y esperanza, como la reencarnación, un lugar de purificación o limbo. Esto es lo más peligroso de poner nuestra confianza en religiones y no en Cristo.

Sea anatema en el texto anterior quiere decir que sean *malditos* aquellos que predican, enseñan otro evangelio.

Sí, malditos, entonces explica el por qué, de que, aun habiendo escuchado el evangelio, no se inmutan, siguen bajo maldición y bajo el poder engañoso.

> *"y con todo engaño de iniquidad para los que se pierden, por cuanto no recibieron el amor de la verdad para ser salvos. Por esto Dios les envía un poder engañoso, para que crean la mentira, a fin de que sean condenados todos los que no creyeron a la verdad, sino que se complacieron en la injusticia" (2Te. 2:10-12).*

Alguien dijo que no hay nada más peligroso que un religioso devoto, porque está más cerca al fundador de esa "religión", Satanás, y más lejos de Dios. Ya revisamos la ilustración en la parábola en Lucas 5:36-38 donde Jesús les dijo a los fariseos envueltos en legalismos religiosos:

> *"Nadie corta un pedazo de un vestido nuevo y lo pone en un vestido viejo; pues si lo hace, no solamente rompe el nuevo, sino que el remiendo sacado de él no armoniza con el viejo. Y nadie echa vino nuevo en odres viejos; de otra manera, el vino nuevo romperá los odres y se derramará, y los odres se perderán. Mas el vino nuevo en odres nuevos se ha de echar; y lo uno y lo otro se conserva. Y ninguno que beba del añejo, quiere luego el nuevo; porque dice: El añejo es mejor".*

En verdad no se puede pretender que un devoto a la religión se desprenda de su postura con un discurso o debate, de los que hoy nos regala la apologética. Pero hasta que el religioso no tenga la verdadera humildad para considerar una enseñanza nueva de Jesús, aunque esta sea con curiosidad intelectual para escuchar el verdadero evangelio y el Espíritu lo guíe a confrontar el pecado, solo entonces el religioso podrá desprenderse de las amarras de dicho sistema.

Las religiones con trasfondo babilónico ofrecen una distorsión total del verdadero plan de Dios para su creación y nuestra relación con Él. La pregunta está en saber si nuestra creencia procede de *Babilonia*, cuya palabra significa confusión, o si está anclada en la verdad revelada por el Creador en la Biblia.

Un religioso es salvo al permanecer en la verdadera unión, de la verdadera fe en Jesucristo. Es salvo al conocer la suficiencia del sacrificio expiatorio de Jesús en la cruz. Es salvo al discernir la verdad del error.

Solo Cristo salva, y si en Cristo, entonces hermanos, desechemos todo peso de otro evangelio que las Escrituras maldicen.

Uno de esos errores es creer que algunas de las prácticas y creencias babilónicas son abaladas por la Biblia, al no ser condenadas específicamente con el nombre en que hoy son conocidas. Pero no podemos leer esto y no hacerse una pregunta honesta: *¿realmente estoy en la verdad?* Aunque suene controversial, todos estamos llamados a una "reforma" personal, es decir, de examinar nuestra fe, de colocar la línea de nuestras convicciones sobre la línea recta de la Palabra de Dios. La Biblia nos exhorta a probar cada espíritu: *"Amados, no creáis a todo espíritu, sino probad los espíritus si son de Dios..."* (1Jn. 4:1).

Si crees que los siguientes dogmas, doctrinas prácticas y rituales son parte del camino estrecho que lleva a la vida eterna, te invito a comprobar si son de Dios y poner la confianza en Jesucristo, quien nos regala tan grandes promesas. Dar el paso de fe hacia Él y que su Espíritu te regale y revele la verdad. Descansa en Él, no en falsas esperanzas dadas por hombres. Esto comienza con abrir la Biblia, leerla y no delegar el proceso: *"derribando argumentos y toda altivez que se levanta contra el conocimiento de Dios"* (2C. 10:5). Quiero ser claro y repito, comienza con abrir la Biblia y leerla, no en escuchar un podcast o un video en YouTube.

Algunas características que las religiones de trasfondo babilónico incluyen: rituales de hechicería, rituales de inmoralidad sexual, intoxicación, mutilación del cuerpo, supersticiones, vanas repeticiones, reencarnación, limbo o purgatorio, invocación a muertos y por muertos, imágenes de ídolos, reliquias y amuletos, entre otras. En el amor de Cristo, debo decir que lamentablemente líderes de la iglesia en que muchos crecimos, la Iglesia Católica Apostólica y Romana, ha sido víctima de las añadiduras de doctrinas que no son bíblicas. Víctima desde el marco de referencia de que *no luchamos contra carne ni sangre*. El espíritu engañoso ha estado por muchos siglos en líderes religiosos, que ferviente y genuinamente han pontificado tradiciones de generación en generación. Pero, al igual que otras religiones orientales y monoteístas como el islam, o el vergonzoso evangelio de la prosperidad, no tan víctimas, sino cómplices, si rechazan el verdadero evangelio y militan en la propagación de dichas doctrinas falsas.

Me tomaría otro libro para poder con detalle exponer las tantas creencias que han sido anexas a la Biblia, cuyas prácticas en su mejor versión, repercuten en el comportamiento y motivación para tratar de llegar o agradar a Dios. Pero en la peor incitan al caos y la incredulidad como nuevas ordenanzas liberales ajustadas al humanismo que hoy no son cortas. Mas al remover la venda de nuestros ojos despiertan gran indignación y un grito desesperado a exhortar a otros. Instan a comprobar con la Biblia si están en la verdad, porque al arañar la superficie, vemos claramente que son opuestas a la Palabra viva e inspirada por Dios.

Dolores de parto

Estas y otras creencias o callejones sin salida constituyen algunas de las opciones ofrecidas por el padre de la mentira, que componen el camino ancho que va a la perdición. Le sirven de gran manera, totalmente envueltos en sistemas que constituyen cada forma en que el artífice de la trampa crea falsificaciones. Su fin es apartarnos del cumplimiento de los mandamientos de Dios y de la gran comisión con cargas mentales, bultos pesados, callejones sin salida que tratan de apartarnos de la verdadera religión e impedir una vida llena de alegría y servicio para la gloria de Dios. La buena noticia es que, aunque hayamos sido distraídos y dirigidos a algunas de estas creencias, estamos a solo un paso de alcanzar a nuestro Salvador y Redentor: *"porque todo aquel que invocare el nombre del Señor, será salvo"* (Ro. 10:13). Y si en Cristo somos uno en Él. trasplantándonos del olivo silvestre al Olivo bueno dejando caer todo peso innecesario para correr la buena carrera, y en total libertad y gozo practicar la verdadera religión:

> *"La religión pura y sin mácula delante de Dios el Padre es esta: Visitar a los huérfanos y a las viudas en sus tribulaciones, y guardarse sin mancha del mundo" (Stg. 1:27).*

En estos últimos tiempos es absolutamente claro que la serpiente disfrazada de ángel de luz se ha quitado la máscara. Sabe que el tiempo se le acaba y su estrategia que aquí revisamos ha sido ya expuesta por muchos. En adición a sus sistemas pasivos para atraer a buscadores, ha trascendido a operar rápida y caóticamente en llevar a cabo su agenda. El caos es palpable donde quiera que miremos y es innegable la influencia de principados y potestades creando gran división y confusión. Hay guerras y rumores de guerras, desastres naturales, pandemias, escasez de alimentos, enfrentamientos raciales y de ideologías, apostasía, alineamientos geopolíticos, división religiosa y persecuciones. Además, ¿quién podría decirlo? también la propaganda de vida extraterrestre y muchos otros factores que encapsulan su plan, acentuadas por redes sociales para abrumar y distraer a quienes viven para defender el orden y la decencia. Al desviarles la vista están ocupados espantando avispas del caos ideológico y no tienen la capacidad de una reacción apropiada y estratégica, con aplomo y tranquilidad en la toma de decisiones para el orden social. Mientras tanto la revolución de Satanás de hurtar, matar y destruir tiene éxito. De esta forma *los dolores de parto* se presentan con mayor intensidad y frecuencia. Pero al leer la Palabra y al tener los lentes proféticos de las Escrituras, estas maquinaciones son detectables, y nos dice claramente que esto era de esperase como leemos en Mateo 24.

Mirar las noticias y los sucesos en el mundo desde un lente bíblico y profético nos ayuda a no sorprendernos de lo que acontece. Más bien, nos demuestran una vez más que la Palabra viva de Dios no miente.

Con más razón debemos aferrarnos a nuestro Pastor. Al estar en el rebaño de Cristo, muchas veces al enemigo no le basta con distracciones de avispas, sino que recurre a *dardos de fuego* que constituyen ataques directos en la guerra espiritual. Así no solo nos distrae, sino que nos paraliza, como relataré a continuación.

Debemos ser vigilantes, es absolutamente necesario poner nuestra casa en orden. Estar firmes, protegidos en el verdadero refugio, en plena comunión con el Espíritu de Dios. Él nos acompaña para poder crecer en conocimiento de su Palabra, para poder distinguir las falsificaciones e imitaciones. No debemos seguir las señales hacia callejones sin salida y así estar preparados y enfocados, con la confianza de caminar por el camino real y verdadero.

Capítulo 11

Guerra espiritual

Fue liberador el haber sido raptado de los laberintos sin salida, de la esclavitud, de las religiones y de la jaula del adoctrinamiento. Ahora, habiendo sido sellado por la sangre del Cordero, sería blanco de los que apuntan y atacan con arco y flecha desde el otro lado de la cerca. Quieren hacernos recaer, quieren avergonzar mi testimonio, que sea una vez más hallado mentiroso y ***que el nombre del Hijo de Dios sea vituperado*** (He. 6).

Luego de mi transferencia a Nueva York, al haber llegado a la meta laboral, era en realidad una permisión de Dios. Un pequeño oasis en el que recibí cada muestra de su gracia. Las provisiones y permisiones para comenzar de nuevo, dándome las condiciones y flexibilidad de tiempo para ver con más frecuencia mis hijos, me dio una nueva oportunidad. Tuve un nuevo comienzo al unirme a mi ayuda idónea, quien me acompañó en la distancia durante la incertidumbre con afecto, oración y apoyo incondicional.

Pero al salir del oasis, aunque acompañado, me conduciría a otra etapa. Era la entrada a un campo minado totalmente desconocido, así que no pude cantar victoria.

Los verdaderos creyentes y seguidores de Cristo conocemos que los esquemas del diablo trascienden de mantenernos distraídos a llevar a cabo ataques directos. Cuando entramos en laberintos sin salida voluntariamente y somos activos partícipes de sus sistemas, los ataques no son del todo necesarios. Pero una vez somos llevados de la oscuridad a la luz, los ataques son en serio, para tratar de detener nuestro crecimiento en la fe y limitar nuestro impacto de consecuencias eternas.

Cuando caminamos en el Espíritu esas fuerzas espirituales toman acción para intentar paralizarnos. Debemos entonces estar firmes para resistirlas, para liberarnos de opresiones que revierten o desvían nuestro ánimo de vivir en la alegría del reino de Dios: *"para que Satanás no gane ventaja alguna sobre nosotros; pues no ignoramos sus maquinaciones"* (2C. 2:14).

Estas maquinaciones, aunque hemos hecho referencia superficialmente a algunas, es importante recordar que Satanás no ha aprendido ni aprenderá de tantos intentos fallidos. Después de haberle salido el tiro por la culata, él siempre va a intentar un tiro más, es su naturaleza y no cambiará hasta que sea arrojado al lago de fuego. ¿Te has preguntado por qué algunos criminales no escarmientan? Aun al haber recibido castigo, ¿nuevamente cometen delitos? Al igual que su padre el diablo, su orgullo y astucia es ciega, para una vez más llevar a cabo su plan. Aunque él, o a través de espíritus inmundos tenga que atacarnos directamente.

Si alguna vez has tenido miedo, serios problemas, desespero y has corrido hacia Dios por protección espiritual, entonces inherentemente crees también que existen fuerzas del mal. Sin saber cómo somos engañados, nos mantendríamos susceptibles a los ataques, a los muchos mecanismos especialmente empleados para neutralizar nuestra mente. Como también sucedió conmigo.

Espíritu de desaliento

Este tiempo era de profunda vulnerabilidad en mi proceso de regeneración que apenas comenzaba, pero también estaba expuesto a una gran prueba, a una verdadera batalla.

Muchos dardos de fuego me abatían. Aun cuando creía que Dios me había salvado, pensé que aún tenía ataduras. Sin poder soltar las cosas benignas a las que me aferraba limité su luz, dando paso a ataques enemigos en lados más vulnerables. Dardos del romanticismo con mi pasado me ardían en gran manera. La culpa en cada despedida de mis hijos era muy fuerte. La ilusión de regresar al pleno deleite del triunfo laboral. Los deseos de permanecer en el entretenimiento del mundo me saboteaban los días.

En reuniones laborales fue embarazosamente humillante no poder articular palabra. No quería mentir. Era otra persona, sin el habitual carisma y porras para apoyar cada iniciativa. Me sentía insípido, sin sal ni pimienta, sombrío. Dardos de ansiedad y pánico me reducían a nada al no saber cómo actuar. Estaba totalmente inadecuado, como un impostor.

Humanamente hablando, ceder todo el control de las situaciones fue debilitante. La mirada cínica de otros al ver mi incompetencia me repugnaba. No era el mismo yo que tenía una carrera sólida, todo bajo control aparentemente, a punta de trabajo duro, pero motivado por el orgullo. Ese sentimiento de tramposo al descubierto me encerró en un cuarto oscuro de depresión, confusión y miedo.

Ocasionalmente esto se manifestaba físicamente con ansiedad, como si paredes con agujas me presionaban el tórax, limitando el oxígeno y con un extraño hormigueo en mis brazos. Andaba siempre aprehensivo, con un profundo sentimiento de culpa al haber construido en la arena por las consecuencias de mis actos. Me ahogaba sutilmente, al recordar que dejé ir al mundo, el cual me veía como un ganador, un líder, para luego convertirme en alguien sin popularidad ni reconocimiento. Esto último representaba una espina en la carne, poniendo en duda también mi salvación, creando un círculo vicioso en mi estado depresivo. Como si el dios *yo* aún estaba atado a raíces de orgullo plantadas en mi ser, a las que atribuía la auto condenación.

En las calles de Nueva York solo veía los rostros entre las multitudes de los que pensé actuaban con normalidad, llenos de vitalidad, sin tanto drama y enfocados en sus tareas. Y yo deseando volver a ser normal.

Este período fue diferente al sufrido cuando lo perdí todo. En aquel momento estaba rendido y refugiado totalmente en Dios. Él llenó el vacío que tenía en mi alma y me amparó durante tanto dolor. Sentía su presencia, pero ahora sentía como si Él se hubiese apartado de mí por mi desobediencia y pesadumbre. Fue mucho tiempo de angustia que es difícil explicar, pero aquellos a quienes han sido presos por ataques espirituales lo saben bien y comprenden de dónde provienen.

> *"Porque no tenemos lucha contra sangre y carne, sino contra principados, contra potestades, contra los gobernadores de las tinieblas de este siglo, contra huestes espirituales de maldad en las regiones celestes" (Ef. 6:12).*

Dios me había llevado a derrumbar muros como la mentira, lujuria, e idolatría. Ahora me enfrentaría a algo más fuerte. Estaba débil, ya no había dolor, sino desánimo. Me sentía arrinconado, pensando que mi servicio en esta vida y la siguiente era el de anularme para no ser piedra de tropiezo a nadie. También para no caer en tentaciones de Satanás y del mundo que me recordaba el sabor del éxito y el placer. Era como si ahora la muerte sí viniese pronto, con un patético delirio de mártir. Pero era una batalla fuerte que no encontraba voluntad para pelear.

Una vez más un rayo de esperanza en mi mente decía: *Ese que te sanó también te sacará de esta, porque: "el que comenzó en vosotros la buena obra, la perfeccionará hasta el día de Jesucristo"* (Fil. 1:6).

Leyendo las Escrituras escuché su voz: *"Tú, pues, hijo mío, esfuérzate en la gracia que es en Cristo Jesús"* (2Ti. 2:1). *"¿No te lo he ordenado yo? ¡Sé fuerte y valiente! No temas ni te acobardes, porque el Señor tu Dios estará contigo dondequiera que vayas"* (Jos. 1:9).

Pero la depresión y el desánimo no permitían una reacción de lucha. Era un abatimiento difícil de explicar y para otros, difícil de comprender. No era un luto, ni un corazón roto. Es una condición que no se viste como placa de honor. Es un agujero profundo que deshace todo consejo racional. Es un flagelo constante y agonizante del ser.

Las Escrituras me dieron consuelo al saber que algunos de los personajes más relevantes en la historia bíblica que, aun siendo salvos, sufrieron períodos de profunda depresión:

> David: *"Estoy encorvado, estoy humillado en gran manera, ando enlutado todo el día ...gimo a causa de la conmoción de mi corazón" (Sal. 38:6,8). "Abatida hasta el polvo está mi alma; Vivifícame según tu palabra" (Sal. 119:25).*
>
> Job: *"¿Por qué no perecí al momento de nacer? ¿Por qué no morí cuando salí del vientre? ¿Por qué hubo rodillas que me recibieran, y pechos que me amamantaran?" (Job 3:11,12, NVI)*
>
> Elías: *"¡Estoy harto, Señor! —protestó—. Quítame la vida" (1R. 19:4, NVI).*
>
> Jeremías: *"¿Por qué fue perpetuo mi dolor, y mi herida desahuciada no admitió curación?" (Jer. 15:18).*

Por más mentalmente enfermo que me sentía y me arrastraba en el lodo del desaliento, había aprendido la lección de no acudir a medicamentos de los que anestesian la conciencia. Ni acudir a actividades que distrajeran o perpetuaran mi condición. Sino a la Palabra, a la verdad absoluta y también a mi nueva familia en Cristo. En quienes al estar todos bajo la luz admirable de Dios, no había secretos, ni complejos, ni juicio. Sino que unidos en Espíritu oraban y suministraban palabras de aliento con muestras de verdadero amor.

Poco a poco el Espíritu de verdad me llevó al arrepentimiento por sentir tanta culpa, resentimiento y vergüenza. Esto era fruto del pecado, pero también por mi depresión y el miedo que me paralizaban por días a la vez. Practiqué el perdonar para encontrar paz. Trataba de recordar cada evento que de algún modo podría generarme amargura y lo perdonaba todo. Lo poco y lo mucho. Cristo pagó mucho más por mis pecados, ¿cómo entonces yo no perdonaría a quien me debía casi nada?

Había aprendido que albergar rencores y resentimientos es como tomar de un veneno que esperamos le haga el efecto nocivo a quien nos hizo daño.

Pude perdonar *setenta veces siete* (Mateo 18:21). Cuantas veces fuese necesario, pero el desaliento no se alejaba.

Espíritu de cobardía

Lastimosamente fueron muchos los días que normalizaban el círculo vicioso y una vez más la motivación era cero. Sintiendo repudio por ello, miraba hacia el futuro con una ansiedad punzante. En ese momento se lo dejaba todo a Dios para que moviera las aguas y removiera las raíces de desánimo y la pesadez sin importar cómo. Pedía que me sacara por completo de la boca de los leones de la depresión y la confusión. Pero también de la que pensé, me acompañaba desde mi nacimiento como atadura generacional, la cobardía.

Aunque dicen que todos los miedos son aprendidos, hay condiciones espirituales que no se aprenden, pero si esto es verdad, entonces fui el mejor aprendiz. Pensé que mis miedos también procedían de la culpa, con tantas infracciones en mi vida ya no tenía escondite. El temor me había alcanzado.

"Huye el impío sin que nadie lo persiga; mas el justo está confiado como un león" (Pr. 8:1).

Los episodios de cobardía eran frecuentes, al estar acompañada de vergüenza me escondía de la gente, de figuras de autoridad, de situaciones arduas. Para alguien que había aprendido algo de oratoria, ahora no podía hablar en pequeñas reuniones ni para decir mi nombre. Me invadía el pavor. Era otra opresión maligna que tuvo éxito. Un tremendo peso que no me dejaba levantar para presentarme aprobado delante de Dios.

Dicen que el miedo es como un dragón que guarda nuestros mayores tesoros y solo al vencerlo tenemos acceso. Si no lo enfrentamos termina por devorarnos. No me asombra que uno de los tantos nombres de Satanás sea el dragón, como leemos en Apocalipsis 12:9.

Por mucho tiempo contristé al Espíritu Santo con mi debilidad y confusión. Ayuné y oré por liberación, porque una y otra vez recordaba que: *"El hombre de doble ánimo es inconstante en todos sus caminos"* (Stg. 1:8).

Seguía orando, me arrepentí y confié en Dios. Aunque sabía que estaba en un campo de batalla espiritual, tenía que vestirme de Cristo si quería perseverar hasta el otro lado del túnel. *"¿Está alguno entre vosotros afligido? Haga oración"* (Stg. 5:13).

Tuve que ser constante y correr a la protección de Dios, no algunas veces, sino a diario. Tenía que crucificar al *yo* y entronizar a Cristo en mi corazón cada mañana.

Sin su palabra estaría una vez más expuesto a las filosofías del mundo, quedando vulnerable a los dardos del enemigo. Por lo tanto, tuve que permanecer en Él. Leer y escuchar la Palabra del Dios soberano era lo único que haría. Él fue mi consuelo, mi protector y mi única esperanza.

> *"Y me ha dicho: Bástate mi gracia; porque mi poder se perfecciona en la debilidad. Por tanto, de buena gana me gloriaré más bien en mis debilidades, para que repose sobre mí el poder de Cristo" (2C. 12:9).*

Para que: *"tengamos un fortísimo consuelo los que hemos acudido para asirnos de la esperanza puesta delante de nosotros. La cual tenemos como segura y firme ancla del alma"* (He. 6:18,19).

¿Puede la FORTALEZA MENTAL?

> *"Sed sobrios, y velad; porque vuestro adversario el diablo, como león rugiente, anda alrededor buscando a quien devorar" (1P. 5:8).*

Mientras deambulaba en laberintos del mundo, nunca había contemplado la guerra espiritual. Cómo los demonios se aprovechan de los lados ciegos y expuestos de nuestro ser para atacarnos y debilitarnos. Parece ser estrategia del diablo vigilar cuando se está recién nacido en la fe. Al no estar listo para la batalla, el ataque es frontal y abrumador. Estos ataques espirituales son tan reales como el aire que respiramos, que no se ven, pero el efecto es penetrante. Un estado que es más conveniente ignorar hasta que es imposible de soportar.

Es probable que toda depresión o ansiedad no sea un ataque directo, pero el enemigo se aprovecha e intensifica el ataque en la vulnerabilidad de la aflicción. Siempre vi la debilidad de carácter como falta de fortaleza mental, como la falta de voluntad y deseo para alimentar al triunfador en potencia que llevamos dentro. Pero cuando fui el blanco de dardos de fuego experimenté desánimo, confusión y miedo. Haciendo que dudara de mi fe al saberme pecador, al creer que no era digno ni merecedor de salvación. Esto fue precisamente el causante de mi profundo desaliento, el sentirme descalificado. Como esperando ser incinerado por el fuego consumidor, o ser picado por serpientes ardientes, por tanta queja (Núm. 21:6).

Se nos ha enseñado que a diario tenemos alrededor de sesenta mil pensamientos. ¿Como podremos controlar cada uno? No es posible.

Debemos entonces, cambiar la dirección a la que apunta nuestra antena mental, dirigirla hacia la frecuencia divina. Desviar el torrente de pensamientos nocivos hacia Cristo. Asimismo, consumir su Palabra para renovar nuestra mente: *"derribando argumentos y toda altivez que se levanta contra el conocimiento de Dios, y llevando cautivo todo pensamiento a la obediencia a Cristo"* (2C. 10:5).

Lo que hoy la neurociencia describe como neuroplasticidad, la Biblia que no miente, lo había afirmado hace dos mil años:

> *"No os conforméis a este siglo, sino transformaos por medio de la renovación de vuestro entendimiento, para que comprobéis cuál sea la buena voluntad de Dios, agradable y perfecta" (Ro. 12:2).*

Al desproteger mi mente, fui atacado con una lluvia de dardos de la duda, temores, confusión, dejando como consecuencia el desprecio por mí mismo. Olvidé que todo en mi vida no fue trampa y mentira, que además de haber sido un gran pecador, también había virtudes y dones dados por Dios. Olvidé que en cada logro conseguido también había talentos, dedicación y esfuerzo que invertía en mi educación y crecimiento. Que detrás de cada instrucción dada a mis hijos estaba la inclinación de hacer lo correcto. Olvidé también lo recién aprendido que el que conoce y cree, se regocija en la salvación y vive el fruto del Espíritu descrito en Gálatas 5:22. Olvidé que:

> *Toda buena dádiva y todo don perfecto desciende de lo alto, del Padre de las luces, en el cual no hay mudanza, ni sombra de variación" (Stg. 1:17).*

Entonces, ¿por qué la depresión? ¿Por qué la auto condenación si Cristo pagó por mí? A pesar de las señales vistas y recibidas de su amor y poder, ¿por qué la duda? Era un hombre de poco entendimiento, como los apóstoles cuando Jesús les preguntó porque, aun siendo testigos de sus señales y milagros no entendían:

> *"¿No entendéis ni comprendéis? ¿Aún tenéis endurecido vuestro corazón? ¿Teniendo ojos no veis, y teniendo oídos no oís? ¿Y no recordáis?" (Mr. 8:17,18).*

Fue entonces que escuché al predicador leer Isaías 61:

> *"El Espíritu del Señor Dios está sobre mí, porque me ha ungido el Señor para traer buenas nuevas a los afligidos; me ha enviado para vendar a los quebrantados de corazón, para proclamar libertad a los cautivos y liberación a los prisioneros; para conceder que a los que*

lloran en Sión se les dé diadema en vez de ceniza, aceite de alegría en vez de luto, manto de alabanza en vez de espíritu abatido; para que sean llamados robles[d] de justicia, plantío del Señor, para que Él sea glorificado" (Is. 61:1,3).

El predicador expuso y dijo que este pasaje no se refiere a que la depresión sea escasez de fuerza mental, o voluntad propia para controlar nuestros sesenta mil pensamientos. Más bien es a quienes han sido opresos por el espíritu de desaliento, o espíritu abatido. Esto me ministró profundamente al reconocer que estaba siendo atacado.

Esta revelación comenzó a levantar el peso enorme de la culpa, de que no era mi condición de perezoso o pordiosero mental que me llevó al desanimo. Aunque me llegó entendimiento, sabía que no estaba equipado para pelear, no me correspondía a mí pelear contra demonios. La Biblia no nos dice que tenemos potestad para esto, pero sí de resistir al diablo. Ni siquiera el arcángel Miguel pudo pronunciar juicio de maldición contra el diablo, por eso no debemos intentarlo. Antes debemos acudir al Señor por su protección y guía, como arcángel, pedir que sea Dios quien reprenda a todo espíritu inmundo y nos de libertad.

"Pero cuando el arcángel Miguel contendía con el diablo, disputando con él por el cuerpo de Moisés, no se atrevió a proferir juicio de maldición contra él, sino que dijo: El Señor te reprenda" (Ju. 1:9).

"Someteos, pues, a Dios; resistid al diablo, y huirá de vosotros" (Stg. 4:7).

La armadura de Dios

Pasaba aun el tiempo y como un pez luchando con el anzuelo, resistía. Con emociones a flor de piel de día y noche perseveraba en la palabra que leía una y otra vez:

> *"Estad, pues, firmes, ceñidos vuestros lomos con la verdad, y vestidos con la coraza de justicia, y calzados los pies con el apresto del evangelio de la paz. Sobre todo, tomad el escudo de la fe, con que podáis apagar todos los dardos de fuego del maligno. Y tomad el yelmo de la salvación, y la espada del Espíritu, que es la palabra de Dios; orando en todo tiempo con toda oración y súplica en el Espíritu, y velando en ello con toda perseverancia y súplica por todos los santos" (Ef. 6:14-18).*

Este texto era una orden, un mandato de Dios de vestir la armadura del Espíritu a diario. Cada mañana orando, tomaba cada pieza lentamente colocándolas donde correspondía. Protegería primero mi mente, meditando en la confianza y el privilegio de ser hecho hijo de Dios, de ser salvo. Con el yelmo espiritual, impenetrable, cada pensamiento nocivo que no me pertenece no tendría nido en mi mente. Llevaría esos pensamientos cautivos a Cristo, porque al ser salvo no hay temor, sino gozo.

La coraza de justicia me protegería de las espinas de la ansiedad al comenzar un día con diligencia, disciplinando mi cuerpo, dispuesto a servir con intención.

Me ceñía con la verdad en todo momento para proyectar el carácter de Cristo y vivir en libertad, me conducía a todo lugar con el calzado del evangelio de la paz. Con el escudo de la fe podría apagar los dardos de fuego, confiando en Dios con todo mi corazón. Podía descansar en Él al saber *que a los que aman a Dios todas las cosas les ayudan a bien, esto es, a los que conforme a su propósito son llamados* (Ro. 8:28). Finalmente, con la espada del Espíritu, con el poder de la Palabra, estaría *enteramente preparado para toda buena obra* (2Ti. 3:17).

"Encomienda a Jehová tu camino, y confía en él; y él hará" (Sal. 37:5). Este era el deseo profundo de mi corazón, que Él hiciera que yo pudiera vencer para siempre el acecho de la depresión que me oprimía gradualmente por más de cuatro años. La prueba más larga y debilitante de mi vida, porque se alimentaba de la cobardía paralizante. Solo la Palabra de Dios, me consoló y me dio paz, solo allí encontré descanso y alivio. *"Cuando se presentaban tus palabras, yo las comía; tus palabras eran para mí el gozo y la alegría de mi corazón, porque se me llamaba por tu nombre, oh Señor, Dios de los ejércitos"* (Je. 15:16).

Me mantuve fiel a este mandamiento: *"Confía en el Señor con todo tu corazón, y no te apoyes en tu propio entendimiento"* (Pr. 3:5). Una vez más pedía sanación. Una vez más, no fui desamparado. Él siempre estuvo ahí, siempre estuve bajo la sombra del omnipotente (Salmo 91). Por su buena voluntad me dio *el querer como el hacer* (Fil. 2:13). Ejercité y apliqué su Palabra para sanación. Fue en esa aplicación que el gran muro de la aflicción fue derribado.

EL AMOR, EL VERDADERO ANTÍDOTO

El Espíritu me guio entonces, a dar un paso determinante que hizo una gran diferencia para conectar los puntos en mi mente, de lo espiritual a lo aplicable en la batalla: *"Porque no nos ha dado Dios espíritu de cobardía, sino de poder, de amor y de dominio propio. Por tanto, no te avergüences de dar testimonio de nuestro Señor"* (2 Ti. 1:7,8). *"Procura con diligencia presentarte a Dios aprobado, como obrero que no tiene de qué avergonzarse, que usa bien la palabra de verdad"* (2Ti. 2:15). *"Si alguno de entre vosotros se ha extraviado de la verdad, y alguno le hace volver, sepa que el que haga volver al pecador del error de su camino, salvará de muerte un alma, y cubrirá multitud de pecados"* (Stg. 5:19,20).

Un día en la iglesia, un invitado de la organización *One wish*, o *Un deseo*, impartió un taller de evangelización para cumplir efectivamente el llamado a la gran comisión, de compartir las buenas noticias de salvación. Fue en la actividad de evangelismo personal que mi alegría se despertaba con cada interacción. Demostrar amor por el prójimo sin acepción de personas era una gran moneda emocional, cuyo verdadero valor no se puede cuantificar. Tiene mucho sentido el salirse de uno mismo. Es no dejar que el orgullo opere, sino que ahora requiere salirse del medio e intencionalmente procurar lo mejor para otros.

Es cierto que donde hay amor no hay temor:

> *"En el amor no hay temor, sino que el perfecto amor echa fuera el temor; porque el temor lleva en sí castigo. De donde el que teme, no ha sido perfeccionado en el amor" (1J. 4:18).*

Decidí entonces enfrentar la timidez al muy paulatinamente alcanzar a las personas y dar testimonio de Cristo en varios lugares donde se abriera una puerta. Hablaba con la familia y amigos, en la estación del tren en Nueva York, en la plaza, a las afueras de iglesias y a conductores de taxi. Al hacerlo comencé a sentir la confianza que había perdido, pero ahora enraizada en el amor de Cristo.

Esto generó una pregunta esencial. Si el amor es el antídoto del miedo, ¿qué más el amor puede sanar? La Palabra de Dios que no miente, una vez más aumentó la nitidez a mis lentes espirituales. Leí que la presencia del amor sirve como perfecto reemplazo a otras emociones que opacan la luz de la vida piadosa. Algunas de ellas son el rencor, la amargura, la envidia, la vanidad, la ira, el egoísmo, la mentira.

Si identificas el problema, vístete de amor.

> *"Y sobre todas estas cosas vestíos de amor, que es el vínculo perfecto" (Col. 3:14).*
>
> *"Y ahora permanecen la fe, la esperanza y el amor, estos tres; pero el mayor de ellos es el amor" (1C. 13:13).*
>
> *"El amor es sufrido, es benigno; el amor no tiene envidia, el amor no es jactancioso, no se envanece; no hace nada indebido, no busca lo suyo, no se irrita, no guarda rencor; no se goza de la injusticia, mas se goza de la verdad. Todo lo sufre, todo lo cree, todo lo espera, todo lo soporta. El amor nunca deja de ser..." (1C. 13:4-8).*

"Y si repartiese todos mis bienes para dar de comer a los pobres, y si entregase mi cuerpo para ser quemado, y no tengo amor, de nada me sirve" (1C. 13:3).

"No debáis a nadie nada, sino el amaros unos a otros; porque el que ama al prójimo, ha cumplido la ley... así que el cumplimiento de la ley es el amor..." (Ro. 13:8,10).

Al entender que el evangelismo es amor en acción, al compartir las buenas noticias para salvación, comenzó a ser una fuente de gozo que trascendía de una emoción repentina, a un estado de ánimo permanente. Es decir, no solo sentía paz al evangelizar, sino que pude entender lo que en realidad significa proyectar la imagen de Dios en todo lugar y en todo lo que hagamos. El amor lo encapsula todo. Al dar este paso, la confianza comenzó a regresar y pude entender que otra respuesta había llegado, un verdadero propósito.

Detrás de cada conversación, detrás de un abrazo y saludo, detrás de cada discusión, o confrontación, detrás de cada consejo o palabra de aliento, detrás de cada decisión, detrás de cada email, mensaje o llamada, detrás de cada ambición, motivación y acción, lo haría desde un lugar piadoso, anclado en amor, como para el Señor:

"Si, pues, coméis o bebéis, o hacéis otra cosa, hacedlo todo para la gloria de Dios" (1C. 10:31).

"para que habite Cristo por la fe en vuestros corazones, a fin de que, arraigados y cimentados en amor, seáis plenamente capaces de comprender con todos los santos cuál sea la anchura, la longitud, la profundidad y la altura,

y de conocer el amor de Cristo, que excede a todo conocimiento, para que seáis llenos de toda la plenitud de Dios. (Ef. 3:17-19).

En esta estación, en esta batalla, a estos espíritus inmundos se les acabaron sus flechas. No hubo más opresión de querer mantenerme aislado, o miedoso para no proclamar la verdad. Al haberme el Espíritu de Dios guiado a la libertad de culpa y miedos absurdos, me regaló el *querer como el hacer* para levantarme y cultivar hábitos que me alistarían para un verdadero propósito. Hábitos que visitaremos en el próximo capítulo.

Sabiendo que de ahora sería uno más en la guerra espiritual, siempre estaré confiado en mi Padre celestial, para seguir adelante con la vista puesta en la meta. En pelear la buena batalla de la fe. Cuando el miedo se asome, recordar siempre que el espíritu del temor no es de Dios.

"Porque no nos ha dado Dios espíritu de cobardía, sino de poder, de amor y de dominio propio" (2Ti. 1:7).

No temas

¿Has sentido el abatimiento de la depresión o el miedo? ¿Has buscado alivio y nada parece sanarte? No renuncies sin antes dar el paso de fe a quien te llevará a sonreír una vez más, quien te devolverá la paz y el gozo de vivir con propósito. Recuerda que tenemos una firme y segura ancla del alma que es nuestra verdadera y viva esperanza. Siempre y cuando acudamos a su invitación de ser sus hijos, de buscarle en espíritu e invocar su nombre para salvación. Decidamos entonces, cuando la debilidad y el miedo llamen a la puerta, tener claro en obedecer a la prohibición negativa más presente en la Biblia: *¡No temas!*

> *"No temas, porque yo estoy contigo; no desmayes, porque yo soy tu Dios que te esfuerzo; siempre te ayudaré, siempre te sustentaré con la diestra de mi justicia" (Is. 41:10).*

> *"Jehová es mi luz y mi salvación; ¿de quién temeré? Jehová es la fortaleza de mi vida; ¿de quién he de atemorizarme? Cuando se juntaron contra mí los malignos, mis angustiadores y mis enemigos, para comer mis carnes, ellos tropezaron y cayeron. Aunque un ejército acampe contra mí, no temerá mi corazón; aunque contra mí se levante guerra, yo estaré confiado" (Sal. 27:1,3).*

> *"Busqué a Jehová, y él me oyó, y me libró de todos mis temores" (Sal. 34:4). "He aquí Dios es salvación mía; me aseguraré y no temeré" (Is. 12:2).*

Debemos entonces, tomar la decisión de enfrentar el miedo, arrepentirnos del miedo, porque detrás del miedo está la falta de fe. *"...y todo lo que no proviene de fe, es pecado"* (Ro. 14:23). Debemos recordar que: *"mayor es el que está en vosotros, que el que está en el mundo"* (1Jn. 4:4). Confiar plenamente en Él y tener siempre presente que cuando nos enfrentemos al dragón del miedo y la ansiedad, aprenderemos a resistir el miedo bajo el refugio de Dios, con el Espíritu de poder, de amor y de dominio propio.

Aunque a veces las emociones erupcionan como un mal brote alérgico, o como hierba mala en el medio del jardín, toma solo un paso para recibir el antídoto que nos librará una vez más de todo miedo, tristeza y desaliento. Vuelve a dar el paso de fe en dirección a nuestro Dios y Señor Jesucristo. No algunas veces, sino siempre.

Capítulo 12

Accediendo al tesoro

Por medio de la última adversidad inevitable y automáticamente indujo en mí las ganas de seguir sembrando semillas. Pero a diferencia de una meta empresarial, o causa social, esta fórmula no es medida con la satisfacción de resultados favorables en lo personal. Todo lo contrario, el proceso de sembrar conlleva una paradoja que, al experimentarla, también da acceso al tesoro de vivir con una verdadera identidad, en verdadera libertad y con verdadero propósito.

El creer, vivir y compartir el evangelio me generó confianza y también me devolvió el valor que se lleva en el alma. El valor de asirnos a la segura y firme ancla del alma, confiado en Cristo como esperanza viva. En longanimidad para enfrentar situaciones interpersonales y enfrentar la ardua adversidad, de las que no estamos exentos. Poco a poco despertar el gozo del que el apóstol Pablo hacía referencia en medio de sus padecimientos.

Cada situación incómoda se convertiría en una oportunidad de experimentar esa paradoja, de sentir la paz que sobrepasa el entendimiento, en medio de los problemas visibles o ataques invisibles. Poder ejercitar la fe y el amor como aporte a nuestro proprio crecimiento en el conocimiento de Dios.

> *"En lo cual vosotros os alegráis, aunque ahora por un poco de tiempo, si es necesario, tengáis que ser afligidos en diversas pruebas, para que sometida a prueba vuestra fe, mucho más preciosa que el oro, el cual aunque perecedero se prueba con fuego, sea hallada en alabanza, gloria y honra cuando sea manifestado Jesucristo" (1P. 1:6,7).*

La vida del creyente no es nada fácil y no se supone que lo sea. Un verdadero cristiano sabe de los artificios de Satanás a que estamos expuestos. Todos los días caminamos en espíritu sobre territorio enemigo, expuestos a tentaciones y deseos de la carne. Las atracciones del mundo son reales, pero también conocemos las promesas de Dios encapsuladas en su Palabra. Como sus hijos Él nos regala oasis en medio del desierto, paz en medio de la tormenta.

Pero ser cristiano no significa estar eximido a este tipo de pruebas. Entendemos que estamos en la tierra en las manos del alfarero, formándonos para su gloria, fortaleciéndonos para estar listos para nuestro verdadero propósito. A veces este propósito está al otro lado de las pruebas, en medio de una guerra espiritual. Aunque no lo notemos, Él siempre está ahí con nosotros. Como hijos suyos que somos, nunca nos suelta de su mano. Somos sellados por su sangre. Nos aparta para servirle, procurando estar alegres, aun en medio de padecimientos y agradecidos por todo y en todo al Dios personal, encarnado en Jesucristo.

> *"Estad siempre gozosos. Orad sin cesar. Dad gracias en todo, porque esta es la voluntad de Dios para con vosotros en Cristo Jesús..." (1Te. 5:16-18).*

Ser un cristiano no significa que seamos siempre favorecidos para conseguir lo que queremos, alcanzar éxito lejos del peligro. La dificultad, el dolor físico, o emocional en realidad significa desligarse de la búsqueda de ambiciones personales egoístas, para entregarse a su voluntad. Eso significa a veces todo lo contrario, es dejar ir el control habitual para cederlo a la soberanía de Dios y que todos los detalles de nuestra vida estén en sus manos.

> *"Entonces Jesús dijo a sus discípulos: Si alguno quiere venir en pos de mí, niéguese a sí mismo, y tome su cruz, y sígame. Porque todo el que quiera salvar su vida, la perderá; y todo el que pierda su vida por causa de mí, la hallará" (Mt. 16:24,25).*

HÁBITOS EN LA BATALLA

Pero dejar ir el control de lo habitual, es decir, de estar siempre dispuestos a hacer la voluntad de Dios, aunque esta sea muy diferente a la nuestra, no significa no dar el mejor esfuerzo en hacer lo que sí nos toca. Ahora ya sanados y vestidos de Cristo, damos lo mejor para ser en verdad impactantes en nuestra labor, en hacerlo con excelencia como un verdadero embajador del reino de Dios. Así como Noé al ejecutar y construir el arca, esta no tenía timón; sin embargo, su cuidado y dirección estaba en las manos de Dios, entonces enraizados en nuestro Dios, e invocando a su Espíritu Santo. Le damos el timón de nuestras vidas para que nos guíe y nos fortalezca. Para ejercitar los verdaderos hábitos que ayuden a renovar nuestra mente. Para trabajar efectivamente en el logro de metas divinas al *aprovechar bien el tiempo porque los días son malos.* Siendo acompañados y motivados por Cristo que vive en nosotros. Confiados en Él y con Él, somos mayoría para hacer la diferencia.

Mis héroes personales son mis 3 hermanos, dos de ellos sirvieron en las fuerzas armadas de los Estados Unidos. El mayor, Jean Paul, quien con gran tenacidad logro enlistarse en el ARMY cuando todas las apuestas estaban en su contra, y Carlos también enlistado en la Fuerza Aérea con visión y determinación, ambos sirviendo a su deber antes que vida, en varios despliegues durante las guerras de Irak y Afganistán, nos contaban de las rutinas, ejercicios y briefings diarios para estar siempre preparados para el llamado, y alerta ante el peligro latente. De igual manera, en la batalla espiritual, entre más reconocemos el terreno y las armas del enemigo, más somos conscientes de la necesidad de estos hábitos que son fundamentales para el crecimiento en unidad con Cristo y su iglesia que, a su vez, nos anima durante todo tiempo y para todo objetivo. Cada buen teólogo es probable que haya enlistado un sinnúmero de hábitos de *cristianos altamente efectivos*. Pero quizás en lo cotidiano de las vidas domesticadas de relativa libertad en un país como Estados Unidos, algunos no hagan énfasis en reconocer que en realidad a diario estamos en el campo de batalla. Por esto solo puedo enlistar, parafraseando lo compartido por el Dr. John Barnett, los que aun yo mismo procuro ejercitar y creo, corresponden de manera eficaz y aplicable para un verdadero soldado del reino de Dios. No podemos navegar en el mundo como turistas espirituales, sino que debemos ser preparados a diario, realmente listos para cada despliegue militar, para cada desvío hacia donde Dios lo designe.

Vale recordar que hábitos no son pasos para alcanzar salvación, ni aportes al sacrificio de Cristo, quien pagó una vez y para siempre.

Sino que son fundamentales para una vida en santidad en todos los aspectos de la vida. No parten de una superioridad auto sugestiva para iniciarlos, sino que son el producto de la obediencia a nuestro creador, quien así nos lo ha pedido. Hábitos de un cristiano que ha vuelto a nacer, ya fortalecido por el Espíritu y que está siempre listo para la batalla. Estos son:

La oración. Un soldado preparado es constante en la oración. Primordialmente se presenta en completa sumisión a su rey, a su Dios. Confía en la dirección del Espíritu, quien lo llevará para cumplimiento de su voluntad, proveerá las necesidades y edificará el carácter. Como habito es esencial tener el *priming* adecuado antes de salir al combate. Posee como columna y ancla la certeza del perdón de ofensas. Posee el amparo divino y la convicción de que Dios dará la victoria en el día de la batalla de la tentación y el mal. Accediendo constantemente al Señor de los ejércitos: *"orando en todo tiempo con toda oración y súplica en el Espíritu, y velando en ello con toda perseverancia y súplica por todos los santos"* (Ef. 6:18).

Vestir la armadura. Un soldado sin armadura es un soldado expuesto a todo tipo de ataques y dardos. Sin la protección de la armadura no solo estaría vulnerable, tampoco podría cargar su espada. Un sodado debe cultivar el hábito de vestir su armadura, conocer la importancia de cada implemento y el riesgo de no estar listo diariamente. Leamos nuevamente:

> *"Por tanto, tomad toda la armadura de Dios, para que podáis resistir en el día malo, y habiendo acabado todo, estar firmes. Estad, pues, firmes, ceñidos vuestros lomos con la verdad, y vestidos con la coraza de justicia, y calzados los pies con el apresto del evangelio de la paz. Sobre todo, tomad el escudo de la fe, con que podáis apagar todos los dardos de fuego del maligno. Y tomad el yelmo de la salvación, y la espada del Espíritu, que es la palabra de Dios" (Ef. 6:13-17).*

Asistir a la sesión informativa. Asistir a la iglesia es asistir al *briefing* y recibir el mensaje junto con el cuerpo de Cristo, en comunión con Él. Para alabar a nuestro Rey de reyes, trabajar en el plan, la estrategia y las misiones, recordar cual es el cargo y el blanco. Congregarse es mantener la vitalidad de la iglesia. Es necesario asistir habitualmente dedicándose *"continuamente a las enseñanzas de los Apóstoles a la comunión, al partimiento del pan y a la oración"* (Hch. 2:42 LBLA) ... *"no dejando de congregarnos, como algunos tienen por costumbre, sino exhortándonos; y tanto más, cuanto veis que aquel día se acerca"* (Hb. 10:25).

Poseer munición. Nuestra arma es la Palabra de Dios, pero sin guardarla y poseerla, ¿qué confianza otorga? El poseer y tener acceso a la munición es recurrir a las Escrituras para preparación, el estudio y la comprensión de su contenido. La memorización es vital para que este siempre disponible en el momento apropiado. ¿Cómo cultivamos este hábito? Abriendo y leyendo la Palabra de Dios a diario, con un devocional o estudio bíblico, subrayando, memorizando y escribiendo. Lista para apelar a ella en lo cotidiano, o en la crisis de la batalla:

"porque las armas de nuestra milicia no son carnales, sino poderosas en Dios para la destrucción de fortalezas" (2C. 10:4). *"Él respondió y dijo: Escrito está: No solo de pan vivirá el hombre, sino de toda palabra que sale de la boca de Dios"* (Mt. 4:4).

Dominar el arma. El dominio del arma es poder tener control personal del manejo de la espada del Espíritu, está en mantenerla afilada. debemos practicar su manejo una y otra vez para confrontar cada avance enemigo, o del mundo con versículos específicos, que coincida con cada necesidad. Que al evangelizar el mensaje conecte con la intuición más profunda del oyente en cuestiones de fe y conducta. Que desarme o aniquile por completo cualquier argumento en defensa de la fe, para estar equipado para actuar. El dominar la espada está en su aplicación:

> *"Toda la Escritura es inspirada por Dios, y útil para enseñar, para redargüir, para corregir, para instruir en justicia, a fin de que el hombre de Dios sea perfecto, enteramente preparado para toda buena obra" (2 Ti. 3:16,17).*

Lamentablemente no todos ejercitamos tales hábitos y como afirma el propio doctor Barnett: *Las bajas diarias son horribles como puedes imaginar, muchos soldados heridos están esparcidos por el camino, la mayoría tiene dardos en llamas quemando sus vidas desprotegidas, la mayoría están incapacitados y ya no están en su misión.*

Con estos hábitos fundamentales estamos inherentemente participando activa e intencionalmente en el proceso de santificación que nos corresponde. También en el libre albedrio en cada pequeña o grande decisión a las que estamos expuestos diariamente y al ejercitarlos, nos da la confianza natural de quien hace lo justo, la confianza de un león. Desarrolla verdaderas cualidades cristianas de personas de bien, proyectando la imagen de Dios:

> *"vosotros también, poniendo toda diligencia por esto mismo, añadid a vuestra fe virtud; a la virtud, conocimiento; al conocimiento, dominio propio; al dominio propio, paciencia; a la paciencia, piedad; a la piedad, afecto fraternal; y al afecto fraternal, amor. Porque si estas cosas están en vosotros, y abundan, no os dejarán estar ociosos ni sin fruto en cuanto al conocimiento de nuestro Señor Jesucristo. Pero el que no tiene estas cosas tiene la vista muy corta; es ciego, habiendo olvidado la purificación de sus antiguos pecados. Por lo cual, hermanos, tanto más procurad hacer firme vuestra vocación y elección; porque haciendo estas cosas, no caeréis jamás. Porque de esta manera os será otorgada amplia y generosa entrada en el reino eterno de nuestro Señor y Salvador Jesucristo" (2P. 1 5-11).*

Aflicción leve y pasajera

Pero tener la confianza de ser miembro de las *fuerzas armadas del reino de Dios* conlleva un comportamiento obvio ante los demás que les puede ser incómodo. No por una actitud desafiante o déspota, sino de estar presto para cumplir la misión sin acceder a comportamientos que los demás podrían considerar normales. Por esto es natural que seamos incomprendidos por el mundo, es normal que nuestra presencia a veces le sea incómoda a algunas personas por no ser participantes activos del circo romano. Por supuesto, ellos nos resistirán, aunque proclamen la tolerancia, no nos tolerarán. Con ello, vendrá el rechazo y la persecución.

> *"A estos les parece cosa extraña que vosotros no corráis con ellos en el mismo desenfreno de disolución, y os ultrajan" (1P. 4:4).*

Esto no quiere decir que un cristiano sea superior a nadie y, por ende, se aparta de los demás con altivez. No, esto quiere decir que un cristiano es quien admite que fue esclavo del pecado y necesitó de Cristo para ser verdaderamente libre.

A pesar del rechazo, debemos tener el valor de compartir el mensaje a otros para que también sean liberados, aunque paguen el precio del rechazo o burla.

Por supuesto que aflige ser rechazado. Claro que es triste no ser invitado, o que cambien el tema cuando te acercas. Duele que te vean como el que juzga, en vez de siervo, como bonachón, en vez de rehabilitado. Que se contenten cuando caes, en vez de alegrarse de tu alegría. Duele ver que desconfían, en vez de abrir su corazón para oír un mensaje que puede salvar sus almas. Claro que aflige ver el abismo que te separa de quienes amas, y que con el alma extrañas, pero, aun así, oras sin cesar para un reencuentro con ellos en el camino que lleva a la eternidad, un reencuentro Solo en Cristo.

> *"Si el mundo os aborrece, sabed que a mí me ha aborrecido antes que a vosotros. Si fuerais del mundo, el mundo amaría lo suyo; pero porque no sois del mundo, antes yo os elegí del mundo, por eso el mundo os aborrece" (Jn. 15:18,19).*

Pero vale la pena. Vale la pena seguir intentando la pazca y aunque en el proceso esta vida se convierta en una tormenta, sabemos con certeza que es una aflicción leve y pasajera. Da valor saber que venceremos, que estaremos en el agradable calor de la morada eterna que el Señor nos está preparando: *"En la casa de mi Padre muchas moradas hay; si así no fuera, yo os lo hubiera dicho; voy, pues, a preparar lugar para vosotros"* (Jn. 14:2). Estamos llenos de gozo y de paz que sobrepasa el entendimiento y llenos de esperanza, cualquier incomodidad temporal vale la pena atravesar:

> *"Hasta esta hora padecemos hambre, tenemos sed, estamos desnudos, somos abofeteados, y no tenemos morada fija. Nos fatigamos trabajando con nuestras propias manos; nos maldicen, y bendecimos; padecemos persecución, y la soportamos. Nos difaman, y rogamos; hemos venido a ser hasta ahora como la escoria del mundo, el desecho de todos" (1C. 4:11-13).*

> *"Si sois vituperados por el nombre de Cristo, sois bienaventurados, porque el glorioso Espíritu de Dios reposa sobre vosotros. Ciertamente, de parte de ellos, él es blasfemado, pero por vosotros es glorificado" (1P. 4:14).*

En la plena certidumbre de lo que está por venir, tendremos siempre un resquicio de esperanza detrás de toda adversidad:

> *"Pero tenemos este tesoro en vasos de barro, para que la excelencia del poder sea de Dios, y no de nosotros, que estamos atribulados en todo, mas no angustiados; en apuros, mas no desesperados; perseguidos, mas no desamparados; derribados, pero no destruidos... Por tanto, no desmayamos; antes aunque este nuestro hombre exterior se va desgastando, el interior no obstante se renueva de día en día. Porque esta leve tribulación momentánea produce en nosotros un cada vez más excelente y eterno peso de gloria" (2C. 4:7-9, 16,17).*

Estaremos día a día adorando a nuestro Señor por tan grande amor hacia nosotros. Orando por cada necesidad sí, pero gozosos en agradecimiento por ser parte de su cuerpo, de su iglesia, de ser verdaderamente libres y que esperamos ansiosamente su llegada:

> *"Regocijaos en el Señor siempre. Otra vez digo: ¡Regocijaos! Vuestra gentileza sea conocida de todos los hombres. El Señor está cerca. Por nada estéis afanosos, sino sean conocidas vuestras peticiones delante de Dios en toda oración y ruego, con acción de gracias. Y la paz de Dios, que sobrepasa todo entendimiento, guardará vuestros corazones y vuestros pensamientos en Cristo Jesús. Por lo demás, hermanos, todo lo que es verdadero, todo lo honesto, todo lo justo, todo lo puro,*

todo lo amable, todo lo que es de buen nombre; si hay virtud alguna, si algo digno de alabanza, en esto pensad" (Fil. 4:4-8).

"Mas os he escrito, hermanos, en parte con atrevimiento, como para haceros recordar, por la gracia que de Dios me es dada" (Ro. 15:13).

La verdadera libertad

Que delicia es descansar en la sublime gracia de Dios. En la cruz Jesús llevó consigo nuestros pecados, pero también nuestra culpa, vergüenza, y toda condenación. Que gran paz recordar sus palabras: *"Ni yo te condeno; vete, y no peques más"* (Jn. 8:11). Que gozo al despertar cada mañana con la certeza de que no importa lo que pase, aunque este sea mi último día en la tierra, soy un hijo de Dios, verdaderamente libre y salvo, con segura y ancha entrada a su reino.

Ser verdaderamente libres es ver caer los muros de la prisión. Remover las vendas que no nos permiten ver de frente nuestra naturaleza caída. Es romper las cadenas de la esclavitud del pecado. Dejar caer la carga de pensar que todo depende de mí y que soy el centro del universo, sino que fui creado con un propósito, para la gloria de Dios, quien sí lo es.

Un día mientras meditaba en mi proceso de liberación, imaginaba que antes me encontraba detrás de unos muros que bloqueaban toda luz. Estaba cómodo en la oscuridad, sin nunca darme a la tarea de querer ver lo que está afuera. Hasta que llegó el momento del hastío y desesperación, de la crisálida, al que creo con total convicción a todos nos llega. El momento de la verdad en que tenemos que decidir si dar el paso hacia la libertad de Dios, o escoger la esclavitud del pecado vestido de placer temporal. Y mientras reflexionaba, comencé a plasmar la siguiente prosa...

Cuando los muros caen entra la luz completa. Puedes ver todo el panorama y ver con facilidad a los que igual que tú, caminan en libertad.

Cuando los muros caen puedes ver tus manchas y heridas. Las secuelas de tanta oscuridad y ves también la Fuente de agua fresca que sana, restaura y limpia. Puedes apreciar el regalo de la creación y todo lo bueno a que tienes acceso.

Cuando los muros caen también puedes ver y escuchar a los que aún permanecen atrapados en oscuridad. Te unes a ser parte del ejército de liberación. Tu batalla ya no es para beneficio propio, quieres libertad para otros.

Cuando los muros caen sales de la trinchera para caminar protegido con la armadura del Espíritu. Presto para la batalla y resistir al enemigo.

Cuando los muros caen comienza la siembra y el cultivo en el campo misionero. Inviertes recursos en el riego y su cuidado.

Cuando los muros caen somos de Cristo y nos da propósito de proyectar su imagen. De permanecer en su Palabra y dirigir a otros a Él para salvación.

Cuando los muros caen comienza la vida caminando con espíritu de poder para dar frutos. De duplicar talentos, removiendo vendas de los ojos con la Palabra que libera.

Cuando los muros caen ves con seguridad la Puerta estrecha que lleva a la vida. Con convicción entras para caminar con gozo hacia la vida eterna.

Todos somos llamados a ser libres, pero no todos acuden a la invitación. ¿Por qué? A veces porque al poner en la balanza vivir una vida en Cristo, como verdadera identidad, requiere dejar ir las cosas que más nos gustan de la vida. Esas cosas que a veces vienen en pergaminos, o con más ceros, o en botellas, o en boletos, o en personas. Pensamos que algún día llegará una hora adecuada para dedicarse a esas cosas de Dios y la otra vida. Quizás en la tercera edad, o quizás cuando venga la desesperación y obligue al cambio. Tal vez ese día sea hoy y lo dejemos pasar porque es más seductor gozar del estatus o de lo que más nos gusta hacer y pensamos que contamos con un día más. Pero quizás ese día no llegue, pues un día más de vida no es garantizado.

Si estás de acuerdo en que nada de estas cosas dan verdadera libertad o alivio permanente, sino que encadenan con más fuerza, crean o engrandecen un vacío que solo Dios puede llenar, te invito a la elección de dar tu vida a Cristo. Si en verdad quieres ser libre, primero debes reconocer que estás entre paredes. Debes ver de frente al pecado que hace que des vuelta tu rostro de Dios. En arrepentimiento reconoce que necesitas de un Salvador. Invoca el nombre del Señor y serás salvo. Él removerá el velo de tus ojos y te dará verdadera libertad:

> *"Jesús les respondió: De cierto, de cierto os digo, que todo aquel que hace pecado, esclavo es del pecado. Y el esclavo no queda en la casa para siempre; el hijo sí queda para siempre. Así que, si el Hijo os libertare, seréis verdaderamente libres" (Jn. 8:34,36).*

Si no eres tú, ¿quién? Si no es ahora, ¿cuándo?

VERDADERA IDENTIDAD

> *"Respondió Jesús y le dijo: De cierto, de cierto te digo, que el que no naciere de nuevo, no puede ver el reino de Dios" (Jn. 3:3).*

Quienes nacen de nuevo son llamados Hijos de Dios. Él vive en nosotros, nos aparta para servirle y accedemos al tesoro de vivir con verdadera identidad que es en Cristo. Llenos del Espíritu, permaneciendo en su Palabra para santificación.

La verdadera identidad es llena de confianza y valentía, con convicciones absolutas ancladas en la verdad. Es por esto que mengua la inclinación a la maldad e incrementa el repudio por ello. Nuestros pies no corren hacia el adulterio, la mente no es nido de malos pensamientos, la lengua no se apresura a mentir, ni el corazón con deseos impuros, pues Cristo vive en nosotros:

> *Con Cristo estoy juntamente crucificado, y ya no vivo yo, mas vive Cristo en mí; y lo que ahora vivo en la carne, lo vivo en la fe del Hijo de Dios,*

el cual me amó y se entregó a sí mismo por mí (Gá. 2:20).

¿Cuánto cambiaría nuestra vida después de un nuevo nacimiento? ¡Completamente!

"De modo que si alguno está en Cristo, nueva criatura es; las cosas viejas pasaron; he aquí todas son hechas nuevas" (2C. 5:17).

Al volver a nacer, comienza una completa neuro-plasticidad redefinida sobre las cosas de Dios, una metamorfosis completa. Dejamos la previa conducta de oruga, dirigiendo la mirada al cielo y de tomar una nueva altitud en Espíritu. Ejercitamos los nuevos hábitos alineados con el carácter de Dios, que es la génesis de una vida de acción y obras como fruto de la fe. Esto a su vez desencadena una vida de aportes, que repercuten *más allá del éxito* terrenal. Trasciende de premios temporales a avanzar en su reino, porque Dios en su soberanía cuenta ahora con nuestra disposición y servicio, cumpliendo sus designios en todo momento.

Cuando se nace de nuevo entendemos que es Dios, por medio de su Espíritu, quien nos implanta la necesidad de cambiar nuestra mente con genuina y profunda contrición, por los pecados y apartarnos de ellos. Entendemos además a través de su Palabra, sus promesas y profecía, donde nos revela lo que está por acontecer. Al consumarse cada una, nos confirma una vez más que Él es Dios.

Él nos renueva y limpia para apartarnos y prepararnos para toda buena obra. Somos gozosos al saber que somos ciudadanos del cielo, vivimos en la economía del cielo y nada nos faltará.

Cuando nacemos de nuevo, nacemos a una nueva familia, a la familia de Cristo, a la que aprendemos a querer y valorar en comunión trascendiendo toda característica, siendo todos unidos en Cristo.

"Ya no hay judío ni griego; no hay esclavo ni libre; no hay varón ni mujer; porque todos vosotros sois uno en Cristo Jesús" (Gá. 3:28).

Unidos a la familia que se regocija en alabanza, orando por su bienestar y perseverancia en animar al débil y ayudar al necesitado. Somos la sal de la tierra y luz del mundo. Luz que proyectamos a toda criatura para salvación. Un cuerpo al cual ofrendamos y participamos para contribuir a su crecimiento, a una familia que, aunque tenga poco, con Cristo lo tiene todo.

Con la verdadera identidad estamos dispuestos y motivados como Noé, para construir nuestra arca, para cumplir con nuestro verdadero propósito. Para esto es necesario el ejercicio para la piedad, llevando los principios del Éxito a otro nivel. Fundamentados en la Palabra, catapultados por el Espíritu para un verdadero impacto de consecuencias eternas:

> *"Porque la gracia de Dios se ha manifestado para salvación a todos los hombres, enseñándonos que, renunciando a la impiedad y a los deseos mundanos, vivamos en este siglo sobria, justa y piadosamente" (Tit. 2:11,12).*

El verdadero propósito

> *"Porque somos hechura suya, creados en Cristo Jesús para buenas obras, las cuales Dios preparó de antemano para que anduviésemos en ellas" (Ef. 2:10).*

Las respuestas llegaron. El tiempo en la crisálida había terminado. Había llegado el momento de entrar a la arena, al campo misionero. Equipado con el verdadero escudo y espada para enfrentar lo que esté por venir. En plena libertad en obediencia a Dios: *"Pero sed hacedores de la palabra, y no tan solamente oidores..."* (Stg. 1:22).

Había deseado que Dios me llevara a mi verdadero propósito, y por su gracia y misericordia así lo hizo. Había llegado a mi causa, la de cumplir con la gran comisión. Mi deseo de servir seguía en crecimiento, lo gratificante de ese servicio era en proporción a cuánto hablaba de la cruz, de su amor y sacrificio por nosotros para salvación.

¡Es lo que todo el mundo debe saber! Aunque ciertamente mis estudios teológicos apenas comenzaban, tenía la responsabilidad delegada y la urgencia de compartir lo que sí sabía. Esto era el plan simple de salvación y con plena convicción, poder acercar a otros a Cristo:

> *"No que lo haya alcanzado ya, ni que ya sea perfecto; sino que prosigo, por ver si logro asir aquello para lo cual fui también asido por Cristo Jesús. Hermanos, yo mismo no pretendo haberlo ya alcanzado; pero una cosa hago: olvidando ciertamente lo que queda atrás, y extendiéndome a lo que está delante, prosigo a la meta, al premio del supremo llamamiento de Dios en Cristo Jesús" (Fil. 3:12-14).*

La ecuación es esta: ¿Cuál es el objetivo de Dios al dejarnos aquí en este mundo si sabemos que nuestra verdadera casa es el cielo? Estamos aún aquí para llevar a más personas con nosotros. Como cualquier área del esfuerzo, este propósito también requiere conocimiento, preparación, dedicación y excelencia. Pero sobre todas las cosas, requiere de la guía del Espíritu Santo, la comunión con Cristo, la oración y la Palabra de Dios para renovar nuestro entendimiento, para *comprobar cuál es su voluntad agradable y perfecta* (Ro. 12:2). Así que era hora de vestirme con la armadura del Espíritu y entrar en la arena para servir a mi Señor y Salvador por siempre.

Capítulo 13

Visión infinita

¿Cuál es la recompensa? En lo terrenal no importa. Pues todo será consumido por el fuego, (2P. 3:10), pero en lo eterno, todo cuenta:

> *"No os hagáis tesoros en la tierra, donde la polilla y el orín corrompen, y donde ladrones minan y hurtan; sino haceos tesoros en el cielo, donde ni la polilla ni el orín corrompen, y donde ladrones no minan ni hurtan. Porque donde esté vuestro tesoro, allí estará también vuestro corazón. La lámpara del cuerpo es el ojo; así que, si tu ojo es bueno, todo tu cuerpo estará lleno de luz" (Mt. 6:19-22).*

> *"no mirando nosotros las cosas que se ven, sino las que no se ven; pues las cosas que se ven son temporales, pero las que no se ven son eternas" (2C. 4:18).*

Pensar en el cielo y la vida eterna es comenzar con el fin en mente, que en realidad no es el fin, porque esto no ofrece mucha esperanza. Es entonces, una transición, un viaje a casa, la casa celestial de una vida eterna. La Biblia describe el esplendor del cielo. El lugar que Jesús nos está preparando:

> *"Y yo Juan vi la santa ciudad, la nueva Jerusalén, descender del cielo, de Dios, dispuesta como una esposa ataviada para su marido" (Ap. 21:2).*
>
> *"El material de su muro era de jaspe; pero la ciudad era de oro puro, semejante al vidrio limpio; y los cimientos del muro de la ciudad estaban adornados con toda piedra preciosa. El primer cimiento era jaspe; el segundo, zafiro; el tercero, ágata; el cuarto, esmeralda... Las doce puertas eran doce perlas; cada una de las puertas era una perla. Y la calle de la ciudad era de oro puro, transparente como vidrio" (Apocalipsis 21: 18,19,21).*
>
> *"Antes bien, como está escrito: Cosas que ojo no vio, ni oído oyó, Ni han subido en corazón de hombre, Son las que Dios ha preparado para los que le aman" (1C. 2:9).*

La Palabra viva de Dios que no miente, si esto dice, entonces así será. En esta vida he visto muchas cosas y paisajes hermosos, visitado lugares solemnes. He sentido lo sublime de ver a mis hijos nacer. El gozo de dar sin esperar nada a cambio. El éxtasis de una noche de bodas. La serenidad de un café el domingo en la mañana. El deleite de la comida de mi esposa. La alegría del reencuentro con mis seres queridos. Lo apacible de escuchar a mi hijo Ralphy cantar con su guitarra, La euforia de un gol ganador en el último minuto. La satisfacción de un reconocimiento a logros cumplidos. Aun así, mi mente no se imagina lo que Dios ha preparado para quienes lo aman. Será un gozo incesante una *gloria inmarcesible. Un júbilo inmortal.* Aunque nadie quiere morirse, a todos nos toca y que mejor esperanza que estar en las manos de un Dios que nos regala tan grandes promesas. Aquel que me dio vida y pudo sanarme, también me ha salvado y me recibirá en su majestuoso reino. De esto no tengo dudas.

TESOROS EN EL CIELO

Qué maravillosa esperanza de vivir una vida caminado en el Espíritu. Liberarse por completo del pecado y la limitación de la creación que se hizo corrupta. Poder llegar a recibir el tesoro prometido a quienes luchan en la buena batalla de la fe.

La Biblia nos presenta ciertos galardones celestiales que, aunque puedan ser alegóricos a una gran recompensa de pertenecer en su reino eterno, con fascinación leemos y contemplamos tan gran expectativa.

La corona incorruptible: *"Todo aquel que lucha, de todo se abstiene; ellos, a la verdad, para recibir una corona corruptible, pero nosotros, una incorruptible"* (1C. 9:25).

La corona de justicia: *"Porque yo ya estoy para ser sacrificado, y el tiempo de mi partida está cercano. He peleado la buena batalla, he acabado la carrera, he guardado la fe. Por lo demás, me está guardada la corona de justicia, la cual me dará el Señor, juez justo, en aquel día; y no solo a mí, sino también a todos los que aman su venida"* (2Ti. 4:6-8).

La corona de la vida: *"Bienaventurado el varón que soporta la tentación; porque cuando haya resistido la prueba, recibirá la corona de vida, que Dios ha prometido a los que le aman"* (Stg. 1:12). *"Sé fiel hasta la muerte, y yo te daré la corona de la vida"* (Ap. 2:10).

La corona de gloria: *"no como teniendo señorío sobre los que están a vuestro cuidado, sino siendo ejemplos de la grey. Y cuando aparezca el Príncipe de los pastores, vosotros recibiréis la corona incorruptible de gloria"* (1P. 5:3,4).

La corona de regocijo: *"Porque ¿cuál es nuestra esperanza, o gozo, o corona de que me gloríe? ¿No lo sois vosotros, delante de nuestro Señor Jesucristo, en su venida?"* (1Te. 2:19).

"Así que, hermanos míos amados y deseados, gozo y corona mía, estad así firmes en el Señor, amados" (Fil. 4:1).

"Enjugará Dios toda lágrima de los ojos de ellos; y ya no habrá muerte, ni habrá más llanto, ni clamor, ni dolor; porque las primeras cosas pasaron" (Ap. 21:4).

¿Cómo entonces llegaremos a estas? Sirviendo al reino de Dios. Cumpliendo nuestro verdadero propósito. Con una visión infinita. Una visión del futuro que está ligada a nuestra relación con nuestro Señor y Salvador. Acercándonos a quien nos creó en adoración, con un *software* de eternidad implantado en nuestro corazón: *"Todo lo hizo hermoso en su tiempo; y ha puesto eternidad en el corazón de ellos, sin que alcance el hombre a entender la obra que ha hecho Dios desde el principio hasta el fin"* (Ec. 3:11). Para hacer su voluntad que es fundamentada en el pleno conocimiento del evangelio para la salvación personal y hacer discípulos donde Él nos lleve. Proyectando su imagen con nuestro comportamiento reflejado en amor, que es el cumplimento de la ley.

Con un nuevo nacimiento somos llamados a reemplazar nuestras inclinaciones terrenales por hábitos del Espíritu.

Estos resultan en cualidades cristianas que, a diferencia de algunos principios universales del éxito basados en relativismo, son enraizados en la Palabra de Dios. Ahora somos hecho participantes de la raíz y de la rica savia del olivo (Ro. 11:17).

"Por lo cual, hermanos, tanto más procurad hacer firme vuestra vocación y elección; porque haciendo estas cosas, no caeréis jamás. Porque de esta manera os será otorgada amplia y generosa entrada en el reino eterno de nuestro Señor y Salvador Jesucristo" (2P. 1:10,11).

Capítulo 14

Impacto más allá del éxito

¿Digo que he llegado? De ninguna manera. ¿Limpio y sin mancha? Mucho menos. Pero Jesús me ha salvado, me ha comprado con su sangre. Ahora soy verdaderamente libre para el cumplimiento de un impacto, guiado por su Palabra y el Espíritu de Verdad. Siendo transformado un poco más cada día, por medio de la renovación de mi entendimiento, con la aspiración siempre latente de querer ser conforme a su corazón. Estoy determinado en el conocimiento del carácter de Dios, de escuchar su voz, de honrarle y servirle con todos los principios que nos otorga. Para ser exitosos acorde a su voluntad y en oración pedirle diariamente:

> *"Muéstrame, oh Jehová, tus caminos; enséñame tus sendas. Encamíname en tu verdad, y enséñame, porque tú eres el Dios de mi salvación; en ti he esperado todo el día" (Sal. 25:4,5).*

Para también poder tener un impacto que comienza con el temor de Dios, que es el comienzo de la sabiduría. Con el pleno conocimiento y arrepentimiento del pecado. Justificados al recibir a Cristo, al darnos el privilegio de ser llamados sus hijos. Sanándonos y limpiándonos de toda inmundicia, transformándonos en un nuevo nacimiento. Consumiendo la Palabra, preparados y asumiendo con honor el ser partícipe de su ejército, de su plan. Y a través de nuestro ser, en todo lo que hagamos, glorificar al Dios y Padre de nuestro Señor Jesucristo.

Un impacto de que sin importar dónde nos encontremos, o dónde trabajemos, o cuánto poseemos, debemos dar el paso de fe hacia Él. Debemos ofrecer nuestras vidas en sacrificio vivo, dispuestos a ser transformados, apartados y preparados, equipados para servirle en medio de la tormenta y durante la batalla.

Un impacto que, hagas lo que hagas, sea para la gloria de Dios, aplicando los principios de la vida práctica. Dejando caer todo peso. Erradicando toda polución mental. Resistiendo el enemigo y perseverando en la fe.

Un impacto que, cimentados en amor, seamos capaces de *conocer el amor de Cristo, que excede a todo conocimiento.* De llegar a alcanzar una contribución más allá de lo terrenal, un éxito espiritual encapsulado en los mandamientos:

> *"Jesús le dijo: Amarás al Señor tu Dios con todo tu corazón, y con toda tu alma, y con toda tu mente. Este es el primero y grande mandamiento. Y el segundo es semejante: Amarás a tu prójimo como a ti mismo. De estos dos mandamientos depende toda la ley y los profetas" (Mt. 22:37-40).*

Un impacto para cada creyente que posea una visión infinita de saber a dónde vamos, de vivir con el gozo de la salvación y vivir una vida llena en plena comunión con el Creador. Soportando lo que sea necesario, y *unánimes y a una sola voz, glorifiquemos al Dios y Padre de nuestro Señor Jesucristo* (Ro. 15:6). Porque los que le recibimos, ya somos parte del lado victorioso, esperanzados en lo que Él está preparando para nosotros.

Un impacto construyendo nuevos hábitos, para proyectar el carácter de Dios. Empleando nuestros dones para ofrecerle lo mejor. Duplicando los talentos que nos dejó encargados. Estando presto para un servicio constante. Dispuestos a tomar desvíos en la ruta de nuestras vidas y seguir un camino con la mirada puesta en el destino eterno. Estando aquí de campamento, dónde y cómo Él lo designe. Haciendo su voluntad y al tomar ese camino de fe, cultivando la disciplina para la piedad cada día. Gozar de su paz, del fruto del Espíritu y de almacenar galardones de su reino.

Me di cuenta de que, después de todo, el mercadeo en redes sí era para mí. La diferencia es que ahora hallé total transparencia y verdad; mi título es pescador, mi moneda son almas para el Señor y el enganche no es más que la Verdad del Evangelio de Salvación.

Ahora estoy trabajando con alegría indescriptible, directamente para mi Padre, con la misión de traer a casa a tantas personas como pueda. Si hay algo por lo que vale la pena morir es exactamente eso, que es en realidad estar vivo.

Y algún día escuchar las palabras: *bien hecho, mi buen y fiel servidor* (Mt. 25:23).

Dios me llevó a través de un período en el que me mostró la verdad de mí mismo. Descubrí que detrás de todo lo que hacía vivía en *los deseos de la carne y de los ojos, y la vanagloria de la vida.* Al admitirlo me transformó de adentro hacia afuera, llevándome al arrepentimiento. En el momento más débil le entregué mi vida y Él me salvó. Al final pude ver que Él tenía todo el control. A través de su Palabra entendí que es Él quien posee el algoritmo del *rubix cube* de la creación. Es verdaderamente la fuente de la vida eterna. Por medio de un nuevo nacimiento, me dio un nuevo comienzo, me sanó y restauró.

Él restauró los años que perdí, *que se han comido las langostas* (Joe. 2:25). Ha restaurado la relación con mis hijos. Por su misericordia, otro *detour* laboral me acercó a ellos, y a ellos, a un acercamiento con Él. Me regaló una ayuda idónea, a mi esposa, que ha soportado junto conmigo los embates de adversidad. Con ella me regaló a nuestro hijo Caleb.

Por su gracia recuperé la alegría en el trabajo. Ahora no motivado por ambiciones personales ni por orgullo, sino que lo hago con gozo, en liderazgo de servicio. Me dio la inspiración y el deseo de terminar las páginas de este libro que comencé a escribir con muchas espinas. Pero Él intervino para enderezar el contenido. Me liberó de las amarras del pecado, la depresión y del miedo, dándome verdadera identidad enraizada en su Palabra, que es para mí de gozo y alegría en mi corazón (Jer. 15:16). Me dio un verdadero propósito de hacer su voluntad.

Y lo más importante, me dio la mejor noticia que alguien puede recibir, la gran noticia de la salvación. Jesús pagó por mí. Soy un hijo de Dios. ¡Aleluya!

A Dios sea toda la Gloria y toda la Honra por siempre, Amén.

Te invito

Amado lector, si aún no has tenido un encuentro personal con Jesús, te invito a que tú también recibas ese regalo que Dios tiene para ti y tomes la decisión más importante de tu vida. La decisión de vivir en absoluta libertad. Sin importar dónde y cómo te encuentres, o qué tan grande es tu deuda, Él ya la ha pagado. Pero esto debes creer: "*Cree en el Señor Jesucristo, y serás salvo*" (Hch. 16:31). Al poner tu confianza en Cristo Jesús, El tomará tu lugar el día de rendir cuentas y te cubrirá de su justicia:

> *"Al que no conoció pecado, por nosotros lo hizo pecado, para que nosotros fuésemos hechos justicia de Dios en él" (2C. 5:21).*

Él te dará un corazón y espíritu nuevo. Te hará sonreír con verdadera alegría, te dará mayor satisfacción que cualquier reconocimiento antes recibido. Te dará un gozo más profundo que cualquier éxito presente o futuro, el gozo de la seguridad de salvación:

> *"Estas cosas os he escrito a vosotros que creéis en el nombre del Hijo de Dios, para que sepáis que tenéis vida eterna, y para que creáis en el nombre del Hijo de Dios" (1J. 5:13).*

La Biblia dice que:

"si confesares con tu boca que Jesús es el Señor, y creyeres en tu corazón que Dios le levantó de los muertos, serás salvo" (Ro. 10:9).

Te invito en este momento a que des el paso de fe hacia Cristo, el verdadero Dios. Si estás preparado para dar ese paso, ahora mismo pídele a Jesús que se manifieste en tu vida y clama a Él.

Ábrele la puerta y entrégale tu corazón arrepentido. Recíbele como tu Señor y Salvador, para que a partir de hoy puedas vivir una vida en propósito para su gloria. En el nombre de Jesús,

Amén.